戦国の合戦99の謎

彩図社

はじめに

15世紀末から16世紀末にかけておよそ100年もの間、戦乱が続いた戦国時代。名将・知将といわれる戦国大名たちが覇権を争って、日本全国が合戦に明け暮れた時代だ。

領土を拡大するために自国の武士はもちろん、領民などを兵士に仕立て上げ、さまざまな武器や戦法を使って敵将に戦いを挑んだが、テレビドラマや映画、小説、劇画などで描かれている合戦は本当のところどんな武器を使って、どんな戦い方をしていたのだろうか。

じつは、これまで語られてきた合戦には謎が多い。

それは、戦場での戦い方ひとつを見てもわかる。何千、何万という兵士がぶつかり合うのだから、チャンバラ劇のように1人ひとりと刀の刃を交えて切り合っていては体力が消耗するだけで何人も倒せない。

しかも、相当の手練れでも敵方に囲まれれば降りかかる刃をかわせるわけもない。実際の戦場で使われたのは長槍だったり、鉄砲や大砲だったのだ。

戦国武将たちは想像以上に知恵を働かせ、合理的で科学的な戦法で敵陣に迫り、大将の首をとっていたのである。

また、合戦が終わった後に、討ち取った敵将の首を検分する「首実検」の習わしがあったことや、関ヶ原の合戦は朝から始まり午後には決着がついていたことなど、現代の常識から考えると意外なことばかりなのだ。

それればかりではない。戦国武将たちはまずは戦わずして勝つための知恵を絞っていた。自分の娘を相手の国に嫁がせて同盟関係を築く政略結婚などはその最たるものだ。

そうかと思えば、影武者を使ってみたり、出陣を前に徹底的に縁起をかついで神仏に必勝を祈ったりもしている。

勝つためには手段を選ばなかったのが戦国時代の合戦なのである。

本書を手にして、戦乱の世に生きた先達に思いをはせていただければ幸いである。

２０１９年５月

歴史ミステリー研究会

一章　名勝負にまつわる謎

1・なぜ川中島の戦いは12年間も続いた?
2・桶狭間の古戦場は2つある?
3・厳島の戦いの勝者は毛利軍ではない?
4・河越夜戦は本当は夜戦ではなかった?
5・「賤ヶ岳七本槍」は本当は9本だった?
6・難攻不落のはずの小田原城はなぜ落ちた?
7・「天下分け目の天王山」の戦いはなかった?
8・敵のミスが秀吉を天下統一に導いた?
9・なぜ秀吉軍は210キロを8日で走破できた?
10・関ヶ原の勝敗は会議で決まった?
11・関ヶ原の戦いの舞台は本当は城だった?

12●なぜ関ヶ原の戦いは半日で決着したのか？
13●10倍以上の数の敵を蹴散らした武将がいる？
14●宮本武蔵が関ヶ原の戦いに参加していた？
15●関ヶ原の後、特別扱いを受けた家がある？
16●「東北の関ヶ原」と呼ばれる合戦がある？
17●勝率が一番高かった武将は誰？

二章　武器にまつわる謎

18●戦場の主な兵器は刀ではなかった？
19●鉄砲には敵を撃つ以外の使い方があった？
20●鉄砲を使わせたら最強の傭兵集団がいた？
21●長篠の戦いの三段撃ちはなかった？

22・鉄砲は無敵だったのか？
23・島津軍は関ヶ原で得意の戦術に失敗した？
24・すでに大砲が使われていた？
25・水軍はどんな船を使っていた？
26・織田軍が造らせた鉄甲船はどんな船だった？
27・城攻めに使われた「亀甲車」はどんな武器？
28・馬防柵は地味だけど強力な武器だった？
29・武士は四方から飛んでくる矢をどのように防いだ？
30・北条早雲は牛を武器にした？

三章　戦国武将にまつわる謎

31・じつは織田軍団は「戦国最弱軍団」だった？

32●信長が使っただましのテクニックとは？
33●石田三成は大名の妻子を人質にとろうとした？
34●秀吉はどこがすごかったのか？
35●秀吉のひょうたんは武功の証だった？
36●戦国史上最悪の結果となった城攻めとは？
37●なぜ秀吉は19日で巨大な堤防を造れたのか？
38●大坂城は浮島になるように造られていた？
39●家康は信玄におびき出されたわけではない？
40●家康は信長の乳兄弟に苦しめられた？
41●家康は寝返り工作に南蛮甲冑を使った？
42●家康は小さな出城にさんざん苦しめられた？
43●天下人になった家康はじつは替え玉だった？
44●武田騎馬隊は存在しなかった？
45●武田信玄は同じ人物に2度負けた？

四章　合戦場の実態

46 ● 裏の裏をかいた謙信の軍略センスとは？
47 ● 島津家はおとり戦法が得意だった？
48 ● 毛利元就はわざと襲わせるための城を造った？
49 ● 毛利元就は戦わずして一国を手に入れた？
50 ● 合戦場に化粧をして臨んだ武将がいた？
51 ● 松永弾正はなぜ自爆死したのか？
52 ● 伊達政宗は死装束でピンチを切り抜けた？
53 ● 前田利家はこっそり合戦に参加していた？
54 ● 合戦で実際に戦っていたのは農民だった？
55 ● 兵の数を増やすためには犯罪者も使った？

56●戦国大名は農民に気をつかっていた？
57●農民も城を持っていた？
58●僧侶も合戦に参加していた？
59●スパイをしていた山伏がいた？
60●合戦の勝敗を左右した忍者がいた？
61●素肌で戦った武士がいる？
62●戦国時代の合戦場に医者がいた？
63●裏方の運搬係はやっぱり辛かった？
64●合戦の勝敗は短期間で決まった？
65●陣中には出店がたくさんあった？
66●武士たちはとても縁起をかついでいた？
67●敵の生首を使った「首占い」があった？
68●合戦のためにご神木が切られたことがある？
69●戦国時代にもクリスマス休戦があった？

70●ザビエルの目的は布教ではなく侵略だった？
71●「戦国のゲルニカ」と呼ばれる絵がある？
72●戦国時代の水軍はじつは海賊だった？
73●海を渡ったグローバルな傭兵がいた？
74●16歳で水軍を率いた少女がいた？
75●戦国武将たちは合戦を避ける方法として人質を使った？
76●戦国時代は出世しやすかった？
77●味方の前でも気を抜けなかった？
78●影武者を使っていた武将が数多くいた？
79●織田・豊臣・徳川の三家に嫁いだ女性がいた？
80●籠城戦で勝ったことがあるのか？
81●武将は城に住んでいなかった？

五章 合戦場のルール

82・戦場での兵士はどんな格好をしていた？
83・兵士が着ていた鎧は何キロある？
84・なぜ戦国武将は派手な兜をかぶったのか？
85・合戦場ではどうやって敵味方を見分けた？
86・戦場ではどのように情報伝達していた？
87・陣地内の規律は意外と厳しかった？
88・戦場のトイレ事情はどうだった？
89・呪術による合戦があった？
90・言葉による合戦があった？
91・戦場ではどのように兵を配置していた？
92・先手を務める武将はどうやって決めた？

93・武将の勤務評定はどのように行った？
94・戦場でのいちばんの手柄は何だった？
95・戦功をあげた時の褒美は何だった？
96・合戦の動員・死者数はどのように計算した？
97・敗者の武将の始末はどう行われたか？
98・死体はどうやって処理した？
99・勝鬨の声をあげるのは宗教儀式だった？

一章　名勝負にまつわる謎

1 なぜ川中島の戦いは12年間も続いた？

歴史に名を残す合戦の中には、簡単に決着がつかず、10年以上にもわたって続いた戦がある。

1553（天文22）年に始まった、**上杉謙信**と**武田信玄**による川中島の戦いもそのひとつだ。

この戦いは、信濃国（長野県）の村上義清が信玄に城を奪われたと知った謙信の挙兵により始まり、1564（永禄7）年まで続いた。

この間には5度の大きな対戦があり、一般的に川中島の戦いというと、1561（永禄4）年に行われた第4次合戦をさす。

しかし結局、明確な勝敗はつかなかった。しかも他の4戦も、ボクシングでいえばジャブを交わす程度のもので、すべて引き分けに終わっている。これはなぜか。

理由にはいくつかの説があるが、もっとも有力なのは、謙信と信玄では**戦いの目的が**

違っていたということだ。

信玄は領土拡大、一方の謙信はいかに敵にダメージを与えるかに重きを置いていた。そのため、最終的に川中島を手中に収めた信玄も、武田軍よりも死者を少なくとどめた謙信も、**どちらも「我こそが勝者だ」と解釈していた可能性がある**のだ。

謙信と信玄の一騎打ちが描かれた浮世絵。（歌川国芳）

また、敵がいると団結力が高まる、という両軍にとって共通するメリットもあったことから、馴れ合いで戦いが長期化したという見方もできる。

さらに、肥沃で交通の要所でもある川中島という場所が、両者のこだわりを強めたという側面もあるだろう。

いずれにせよ、この戦いは無意味だったとはいえないまでも、無用な長期化が両軍の激しい消耗を招いたのは間違いなさそうだ。

2 桶狭間の古戦場は2つある？

1560（永禄3）年、日本史の転機ともいえる合戦が起こった。それが今川義元と織田信長による**桶狭間の戦い**である。

この戦いは、駿河・遠江・三河（静岡・愛知県）を支配していた今川義元に対し、尾張（愛知県東部）で駆け出しの領主だった織田信長が劣勢を覆して勝利を収めたものとして知られている。今もその舞台となった愛知県には「桶狭間古戦場」が残り、多くの歴史ファンが訪れている。

ところが、この桶狭間の古戦場とされる場所はひとつではない。じつは、同じ愛知県に2ヵ所あるのだ。

ひとつは名古屋市緑区に**「桶狭間古戦場公園」**として、もうひとつは豊明市に**「桶狭間古戦場伝説地」**として存在している。

なぜ2ヵ所もあるのだろうか。

名古屋市緑区の桶狭間古戦場公園(左) 豊明市の桶狭間古戦場伝説地(右)

じつは両者は自治体こそ違うが、距離的には2キロメートルほどしか離れていない。桶狭間の戦いは日本史上にも残る大規模な戦いだったため、戦場が広範囲にわたったことは想像に難くない。

ただ、両方の市に**今川義元絶命の地**であることを示す石碑があるため、「本当はどちらなのか?」と疑問がわく。

これにはひとつの仮定が成り立つ。

戦いの最後の状況を検証すると、追い詰められた今川軍は二手に分かれ、豊明市にあった沓掛城と名古屋市にあった大高城にそれぞれ向かった。

史実によれば、義元は家臣の勧めで大高城へ走ったとある。

もしも、そこを目指しているうちに追手に捕えられたとすれば、最期の地としてより有力なのは名古屋市にある古戦場ということになるが、結論を出すには、まだしばらくの時間が必要なようだ。

3 厳島の戦いの勝者は毛利軍ではない？

安芸の宮島といえば、厳島神社があることで有名だが、じつはこの島は、かつて熾烈な戦いが繰り広げられた場でもある。その戦いとは1555(天文24)年の**厳島の戦い**だ。

舞台は16世紀半ばの中国地方、主君の大内氏を追い落とした陶晴賢《すえはるかた》が一大勢力を誇っていたが、そこに**毛利元就**が立ちふさがった。

毛利軍は兵の数では圧倒的に劣勢だったが、あえて地形的に不利な宮島に城を造り、陶軍をおびきだすという奇襲を企てた。そして、まんまと策にはまった陶軍は挟み撃ちにされ、毛利軍が勝利したというものである。

しかし、このよく知られた話に異を唱える声もある。それは、じつはこの戦いで毛利軍は必ずしも勝者ではなかったのではないかというものだ。

その根拠に挙げられるのが**感状**だ。

その昔、戦いが終わったあとには手柄を立てた者や、特別なはたらきをした功労者に

「厳島合戦図」には、船が厳島神社の大鳥居をくぐり、武士が海に突き出た部分に立ち並ぶ様子が描かれている。

は感状という、いわば表彰状のようなものが送られるのがお決まりだった。

ところが、この厳島の戦いでは毛利軍が感状を出したという記録がいっさい残っていない。この前年の合戦や後年の合戦では出されているので、この重要な戦いで出さなかったのはあまりにも不自然というのが、**毛利軍敗戦説**の根拠というわけだ。

これには「陶軍が戦わずに逃げたため功労者がいなかった」「そもそも毛利軍に加勢した村上水軍が合戦の主役だった」など、専門家がさまざまな見方を提示している。

とはいえ、のちに毛利氏が中国地方の覇者となったことは事実なので、元就の実力は疑いようもないだろう。

4 河越夜戦は本当は夜戦ではなかった？

桶狭間の戦い、厳島の戦いとともに日本三大奇襲のひとつに数えられる戦いがある。河越夜戦で知られる**河越城の戦い**だ。

この合戦は、戦国時代に活躍した後北条氏の関東制圧の足がかりという位置づけである。

舞台は武蔵国の河越（埼玉県川越市）で、そこはかつての城主・扇谷《おうぎがやつ》上杉氏を落とした後北条氏がすでに支配していた。

当時の関東はまさに群雄割拠だったが、後北条氏の台頭を許すまじという意志は同じだった。そうして集まった上杉連合軍が、8万の兵で後北条氏の息の根を止めるべく戦いを挑んだのである。

しかし、結果は10分の1の兵しか持たない後北条氏の勝利に終わった。これこそが、日本三大奇襲と呼ばれるゆえんだが、河越夜戦にはいくつかの謎がある。

まず、**兵の数を誇張した疑いがある。**勢力的にはそれなりの差はあっただろうが、軍記物語に記載された連合軍の８万という数は現実的ではないという見方が強い。

また、合戦の特徴である「夜戦」という点も、それを記した文献はただひとつだけで、ほかには**夜に戦ったという証拠がない**という。

これについては、この前後にいくつか夜戦が行われているので、それと混同した可能性がある。

さらに、合戦は１５４６（天文15）年４月20日に行われたことになっているが、文献ではその年月がまったく統一されていないのだ。

これらをまとめると、その前後に河越城で合戦があり、兵力で劣った後北条氏が連合軍に勝利したのは間違いない。

ただ、現実は伝えられるほど〝劇的〟ではなかった可能性はおおいにあり得るのである。

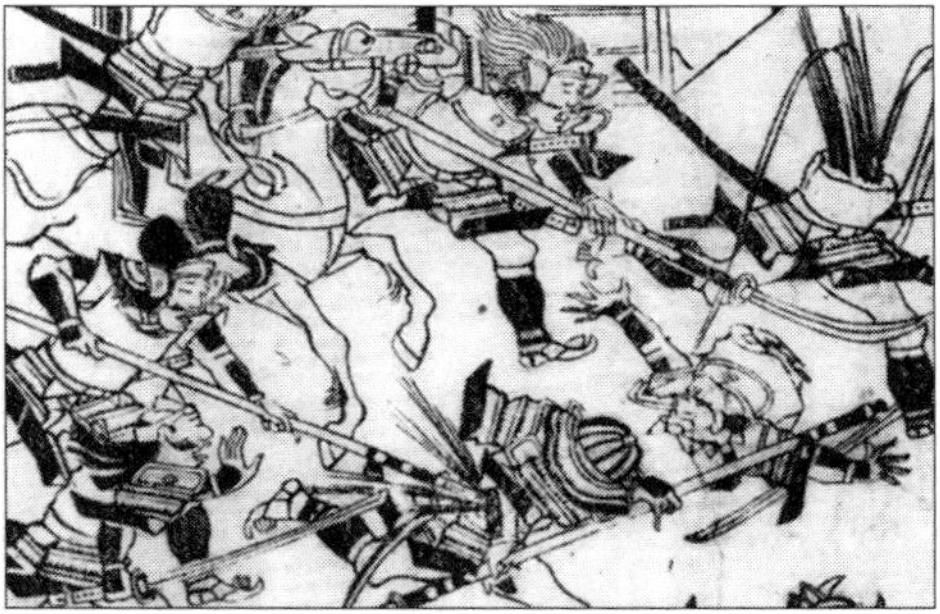

河越城の戦いを描いた絵画。（『北条五代記』より）

5 「賤ヶ岳七本槍」は本当は9本だった？

信長の跡目を決めるために開かれたのが有名な清洲会議だが、その会議の結果に対する不満は**賤《しず》ヶ《が》岳《たけ》の戦い**に発展している。

羽柴秀吉と柴田勝家が対立したこの戦いは、柴田勝家が敗走して北ノ庄城に籠城したが、妻のお市の方とともに自刃して果てるという結果になった。

その賤ヶ岳の戦いで活躍したのが、秀吉が幼い頃から可愛がっていたという福島正則、加藤清正らを筆頭にした「賤ヶ岳の七本槍」と呼ばれる羽柴軍の若武者たちだ。

彼らは、岐阜城の手前から賤ヶ岳までの52キロメートルの距離を5時間で走り抜け、油断していた柴田軍に一番槍を突きつけたのである。彼らの活躍で柴田軍は大きなダメージを受け、羽柴軍の勝利への流れは確実なものになったのだという。

しかし、資料によれば賤ヶ岳の戦いで功名を立て、**秀吉から感状を受けた若武者たちは9人存在した**。

しかし、なぜ9人なのに「七本槍」と称されているのか。

そのわけには諸説ある。いつしか7人が語り継がれるようになったというだけで、7という数字に深い意味はないという説と、8番目と9番目の若武者が戦いの最中もしくは戦いの後に死んでしまったからという説がある。

そして、7人は秀吉の直臣で残る2人はそうでなかったからという説、さらには、のちに『太閤記』を記した小瀬《おぜ》甫庵《ほあん》が「七本槍」という呼称にこだわって7人としたという説である。

賤ヶ岳合戦図屏風に描かれた「賤ヶ岳七本槍」。このほかに石川一光と桜井佐吉という人物が秀吉から感状を受け取っている。

いずれの説が正しいのかは、わかっていないのが現状だ。

しかし、若武者たちの目覚ましい活躍が勝敗の行方を左右したということは間違いないだろう。

6 難攻不落のはずの小田原城はなぜ落ちた？

合戦というと、武器を持った武士が戦うという血なまぐさいイメージがあるが、すべての戦いがそうであるわけではない。

なかには〝戦わずして勝つ〟という戦法もある。それが実行に移されたのが、難攻不落といわれていた小田原城を落とした小田原攻めだ。

上杉謙信や武田信玄も落とすことができなかった小田原城をものの見事に落城させたのは、城攻めを得意としていた**豊臣秀吉**である。

北条氏が支配する小田原城は、まわりの城下町をすっぽりと包む**大外郭**と呼ばれる絶壁に囲まれている。

この大がかりな大外郭を攻略するのは難しく、城内に攻め入るのは簡単なことではない。そこで、秀吉は無理に力で攻めるのをやめ、得意の**兵糧攻め**に出た。

秀吉は小田原城攻めに20万以上もの兵を動員したのだが、まずはその大軍が長期間食

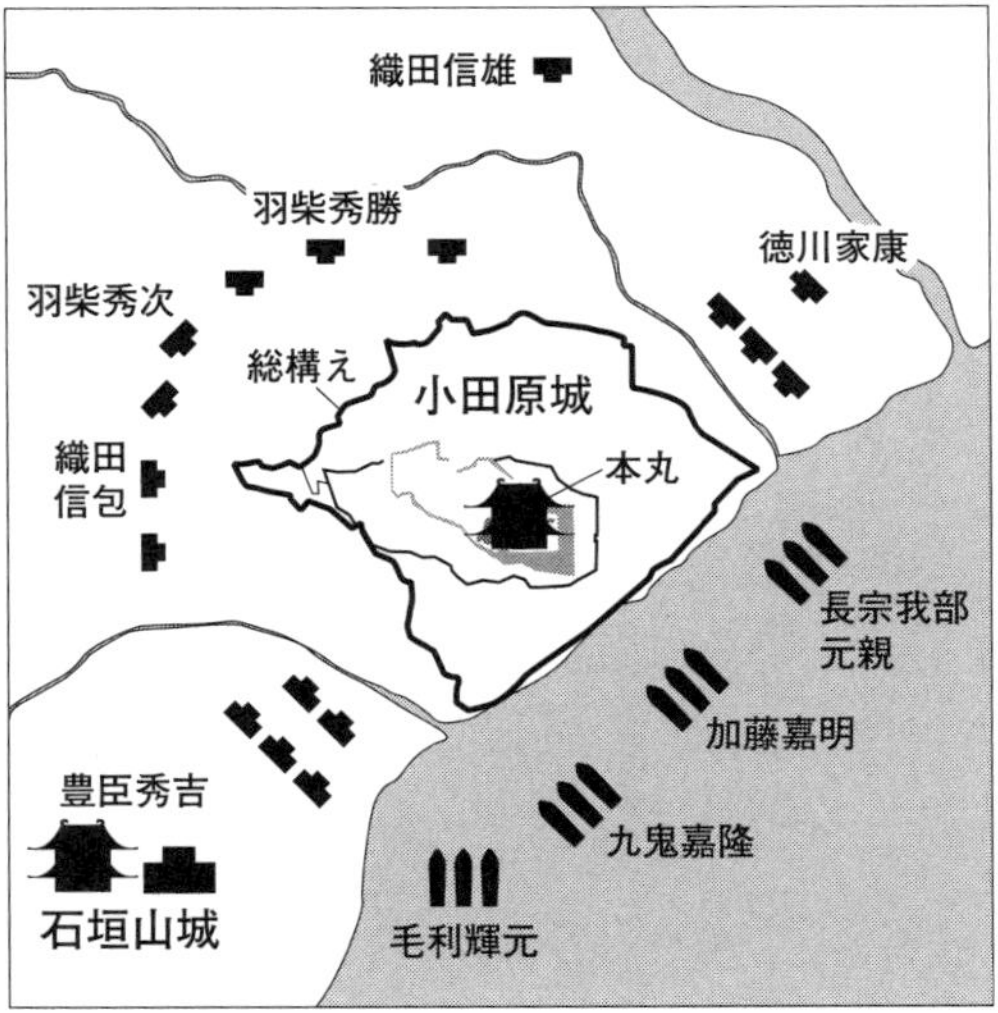

べられるだけの兵糧米30万石を用意した。

そして、北条氏に援護の手が伸びないように海上を封鎖し、さらに小田原城が見下ろせる笠懸山の山頂に石垣を積んで、**わずか80日で石垣山城を造った**のだ。

あとは、この城に悠々と滞在しながら、小田原城に籠城している敵の兵糧が尽きるのを待つだけである。

その秀吉の余裕たるや、大坂からわざわざ淀君や千利休、能役者をこの城に呼びよせるほどだったという。

そして3ヵ月後、小田原城が孤立して兵糧が尽きると、秀吉は北条氏に降伏を勧告し、開城に成功したのである。

7 「天下分け目の天王山」の戦いはなかった？

勝敗を決する重要な分岐点のことを「天王山」という。

天王山とは、京都府南部の大山崎町にある山の名前である。豊臣秀吉と明智光秀による天下分け目の大決戦が行われた場所とされ、その故事からここ一番の大勝負の時などに「これが天王山」という言い方が使われるようになった。

この合戦は、本能寺の変で織田信長に謀反を起こした光秀に対して、秀吉が信長の弔い合戦を行った**山崎の戦い**である。

死闘の末に豊臣軍が勝利を収め、この戦いを機に秀吉は天下人への階段をのぼり始める。

一方の光秀は、天下を取ったのもわずか11日間という短い期間で、敗走の途中で土民に竹槍で刺されて命を落としている。まさしく、秀吉と光秀の運命が大きく分かれた一戦だったといえる。

そんな天下分け目の合戦は、実際には天王山で行われたわけではない。合戦が行われたのは天王山の東側にある山崎の湿地帯で、勝負の行方が決まったのは天王山の近くを流れる淀川沿いだったという。

だが、**天王山が勝敗の鍵を握った**のは確かだ。

というのも、山崎は天王山と淀川に挟まれた狭い場所で、先に天王山に陣を構えたほうが戦いを有利に進められると考えられていたからである。

山崎の戦い（『瓢軍談五十四場』より）

　この時、一枚上手だったのが秀吉で、先に天王山を占拠すると明智軍をあっという間に撃退してしまったのである。

　文字どおり、天王山を制したものが勝利を手にすることができたのである。

8 敵のミスが秀吉を天下統一に導いた？

本能寺の変で織田信長を討った明智光秀が、あっけなく羽柴秀吉に討ち取られたのは「三日天下」という言葉の由来になった有名な逸話だ。

じつはその逸話の陰には、秀吉が偶然入手したある手紙の存在がある。

本能寺で明智光秀が織田信長に向かって兵を挙げた時、秀吉は備中高松城（岡山県）で毛利氏側の武将である清水宗治と対峙していた。

あとひと息で城を落とせると考えた秀吉は、主君である織田信長に援軍を要請し、その到着を待っているところだった。

そんな時、明智光秀から毛利氏側に宛てた手紙を持った使者が、**あやまって秀吉側の陣に迷い込んだ**。その手紙には、本能寺で織田信長が討たれたことが記されていたのである。

知らせを聞いた秀吉は、毛利氏側に講和を持ちかけた。信長の死を知らない毛利氏は、

「秀吉京都の密使を捕る図」（『絵本太閤記』より）

城主・清水宗治の切腹と、備中・備後（広島県東部）・伯耆《ほうき》（鳥取県中西部）などの領地を割譲するという条件を受け入れた。

その後、いち早く兵力を整えた秀吉はすぐに京へ向かい、**山崎の戦いで明智光秀の軍に圧勝する**こととなる。

しかし、もし信長の死が毛利氏側に先に知らされていたら、備中高松城での講和が結ばれることはなく、秀吉が本能寺の変の後すぐに京へ向かうこともできなかったはずだ。

主君・信長の敵を討った秀吉は、織田家の家来の中でも発言権を強めることになった。

徳川家康や柴田勝家といった名だたる武将を抑えて、秀吉が信長の後継者として天下を取れたのは、ひとりの使者の偶然のあやまちがきっかけともいえるのである。

9 なぜ秀吉軍は210キロを8日で走破できた？

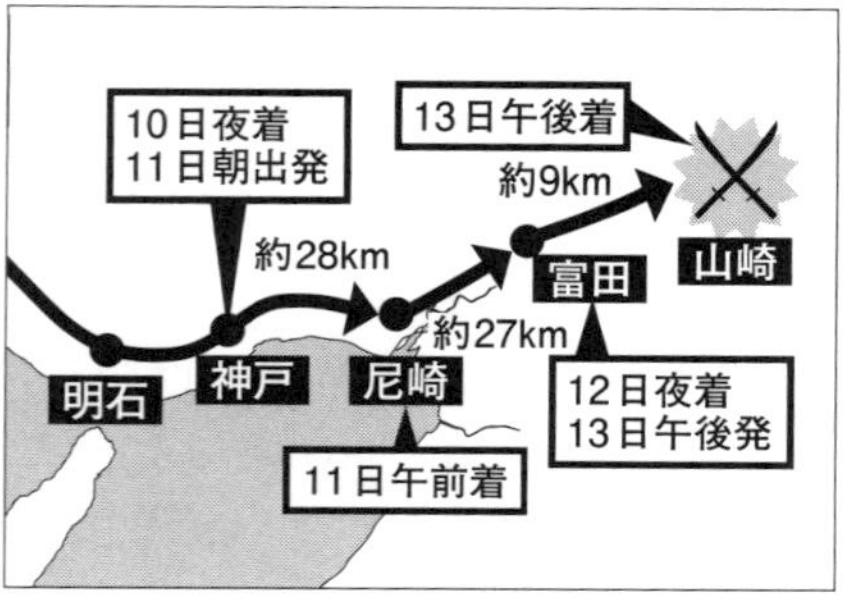

1582（天正10）年6月、羽柴秀吉は、備中高松城に水攻めをしかけた。中国地方平定のために、毛利氏の支配するその城をどうしても落とす必要があったのだ。

しかしその最中、秀吉のもとに信長の訃報が届く。京都の本能寺で秀吉のライバルである明智光秀が、信長に謀反を図り殺害したというのだ。

この知らせを受けた秀吉は、信長が死んだことを伏せたまま、ただちに毛利氏と和議を結んで備中を後にした。伝説の**中国大返し**の始まりである。

この後、2万の秀吉軍はわずか8日間で210キロメートルを移動し、京都の山崎まで戻っている。なぜ、

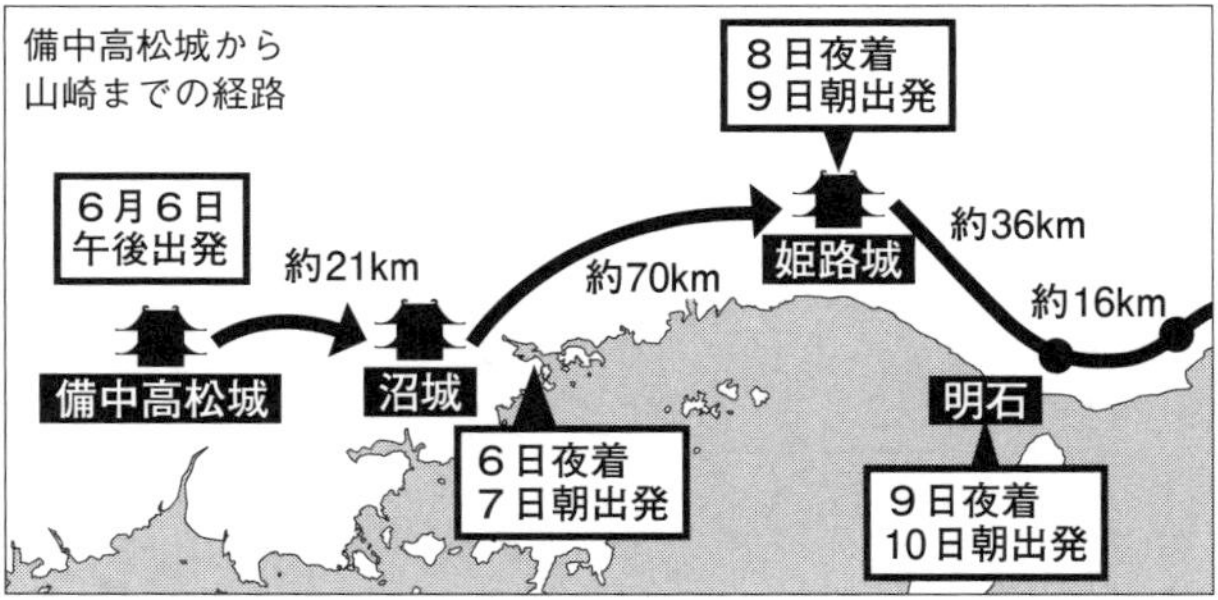

これほどまでの大軍を一気に移動させることができたのか。

それには、**姫路城の存在**が大きかったという。

備中高松城から京都の山崎までのちょうどなかほどあたりにある姫路城には、信長から預けられた兵糧や金銀がかなり貯えられていた。秀吉は備中高松城から1日半ほどで姫路城に入ると、これらの貯えを将兵たちに分け与えて士気を高めたという。

さらに摂津（北大阪）まで戻ると、秀吉の軍師、官兵衛はある作戦に出た。官兵衛は備中を出る前に毛利氏から旗を20本ほど借りており、その旗をこれ見よがしに掲げたのだ。

こうすることで、摂津の武将たちは、毛利氏が秀吉に味方したと思い込み、秀吉軍は4万近くに増えたのだ。

そして6月13日、山崎に戻った秀吉軍は明智軍と激突し、勝利を収めるのだ。

10 関ヶ原の勝敗は会議で決まった？

戦国武将が戦に勝つためにあれこれと苦心するのは、合戦中だけではなかった。思いのほか大変で重要なのが、戦う前の駆け引きや軍議なのである。

たとえば、関ヶ原の合戦では、合戦の2ヵ月前に行われた**「小山評定」**といわれる会議が、東軍の勝利を決定づけたといってもいい。

当時、徳川家康は対立する五大老のひとり、上杉景勝を討伐するために諸将を率いて会津に進軍していたが、その途中、下野国（栃木県）の小山で、石田三成が大坂で挙兵したという一報を受けた。

そこで、家康はすぐさま全軍の諸将を呼んで会議を開き、家康につくか三成につくかを決めるように迫ったのだ。

なぜなら、上杉討伐に参加していたのは豊臣恩顧の武将がほとんどで、誰が味方につくのか家康にも確信が持てなかったからである。

ここで、家康がうまいのは、**自分の味方になれとはけっして言わなかった**ことだ。それどころか、大坂では三成が諸将の妻子を人質に取っていたことに情けをかけるかのように、「人質を取られて心配だろうから、三成に味方をしても私は少しも恨まない」と言ったのである。

小山評定のあった場所は現在整備されている。正面の碑石には「軍議は家康の期待通りに決まりました」とある。

すると、福島正則が「拙者は妻子を捨てても内府（家康）にお味方する！」と口火を切った。こうなると、ほかの武将も負けじと家康に味方することを表明し、秀吉恩顧の武将らを含めたすべての武将が家康の味方についた。

だが、じつはこれは家康の裏工作によるものだった。家康は三成と犬猿の仲で、しかも古くからの秀吉の家臣である正則に**前もって根回しをして、口火を切るように取りつけていた**のである。

こうして家康は合戦の前の会議の時点で、勝利への道筋をつけることに成功したのだ。

11 関ヶ原の戦いの舞台は本当は城だった？

新幹線で岐阜を通過する時、「関ヶ原」という文字を見て、つい戦国時代へと思いをはせる人は多いだろう。

現在はのどかな田園風景が広がるこの地は、400年あまり前に、歴史を決定づける大合戦・関ヶ原の戦いが行われた場所だ。

主役はもちろん徳川家康と、豊臣秀吉に仕えていた石田三成で、双方あわせて15万の兵が激突したともいわれているが、じつはこの戦いは当初、**関ヶ原とは別の場所で行われるはずだった**。

秀吉の死後、打倒三成の機会をうかがっていた家康は、まず、上洛（京都に上がること）の要請を無視するだけでなく、家康のやり方を否定する挑発的な手紙を送りつけてきた会津の上杉景勝に対し挙兵する。

しかし、これは三成に対する誘い水だった。

左：落城する佐和山城を描いた絵画。（佐和山合戦図絵馬より）
右：かつての大垣城。（1945年の空襲で消失する前の姿）

三成は毛利輝元らを招集して準備を整え、美濃（岐阜県）の**大垣城**で家康軍を迎え撃つ予定だった。ところが、**家康はもともと城攻めを苦手としていた**。そこで、どうしても野戦に持ち込みたい家康は、「大垣城ではなく三成の居城・佐和山城（滋賀県彦根市）を攻める」という**ニセの情報を流した**のである。

それを聞いた石田軍は、籠城するはずだった大垣城を出て佐和山城へ移動せざるを得なかった。そして、２つの城のちょうど間に位置する関ヶ原で両軍は対峙することになったのだ。

勝敗は半日で決し、家康軍に軍配が上がったのは周知の通りだ。

以後、日本は徳川家による支配が長きにわたって続くことになる。

もしも三成の当初の思惑通り、戦いの舞台が大垣城のままだったら、あるいは歴史も変わったのかもしれない。

12 なぜ関ヶ原の戦いは半日で決着したのか？

1600（慶長5）年9月15日、1世紀以上にわたって続いた戦国の世を終わらせる戦いがついに始まった。石田三成を中心とする西軍と、徳川家康率いる東軍による天下分け目の戦い、関ヶ原の戦いだ。

濃い霧が立ち込める早朝の関ヶ原に、両軍の布陣は完了した。そして、ようやく視界が開けてきた頃、西軍の主力である宇喜多軍に東軍が発砲し、激しい銃撃戦から戦いは始まったのだ。

関ヶ原の戦いは、両軍合わせて約17万の兵が集結した**戦国史上最大の戦い**である。

これだけの軍兵がそろえば、決着にはかなり時間がかかりそうだが、実際には開戦からわずか半日でこの戦いは終わっているのだ。

これだけ早く決着したのは、**家康の周到な根回し**があったからだといわれる。

じつは、家康は敵である西軍の**毛利輝元**、**小早川秀秋**と内通しており、輝元は領地の

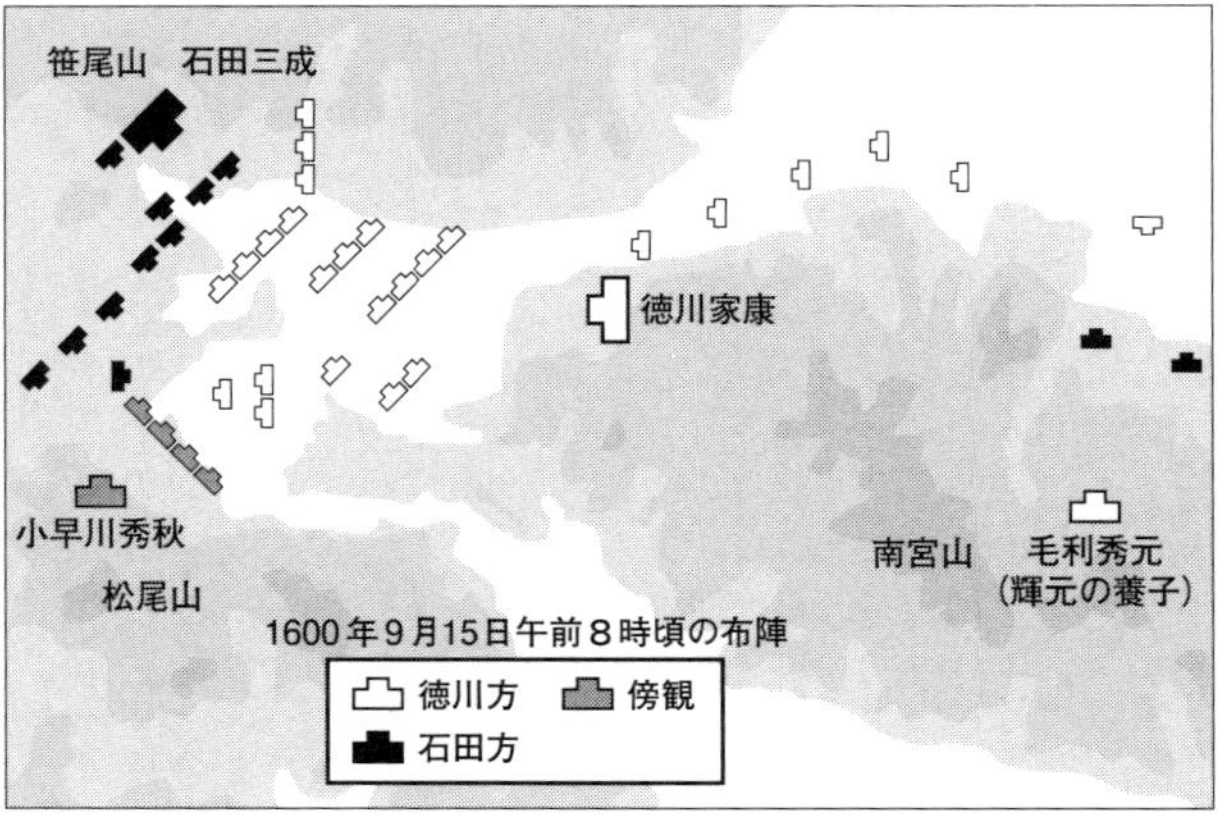

所有権が保証される〝本領安堵〟を条件に戦わないと約束し、また秀秋はいざ戦いが始まると東軍に寝返るという手はずができていた。つまり、この2人は**開戦前から三成を裏切っていた**のだ。

だが、関ヶ原を見下ろせる松尾山に陣を構えていた小早川軍は、西軍が予想外に善戦している光景を見て、なかなか西軍に斬り込めずにいた。

動く気配のない秀秋にしびれを切らした家康は、松尾山に向けて大筒で威嚇射撃する。これに驚いた小早川軍は、山を駆け下りて西軍に殺到した。

こうして計算外の攻撃を受けた西軍は総崩れになり、わずか半日で東軍の勝利を決定づけたのである。

13 10倍以上の数の敵を蹴散らした武将がいる？

1600（慶長5）年7月21日、会津征伐のために江戸城を出陣した徳川家康は、3日後に下野小山（栃木県南部）に着いた。そこで石田三成がついに挙兵したことを知る。ただちに江戸城に引き返した家康は、石田軍との決戦のために自軍と息子の**秀忠軍**の二手で西に向かうという段取りに出た。

中山道を通って9月10日までに美濃赤坂（現在の岐阜県）に到着するよう命じられた秀忠は、8月24日に3万8000の兵を率いて宇都宮を出発する。

だがその途中、信州の小諸に着いた秀忠軍の前に思わぬ敵が現れた。上田城主の**真田昌幸**だ。

昌幸は、来たる関ヶ原の戦いを前に西軍につくことを石田三成に伝えていた。そこで、関ヶ原に向かう秀忠軍と一戦交えることで時間稼ぎをしようと考えたのだ。

だが、真田軍の兵はわずかに3000しかいなかったので、秀忠にしてみれば相手にならない。

そんな秀忠は昌幸に降伏するよう求めたが、昌幸はのらりくらりと返事をかわす。そうこうしているうちに6日が経ち、ようやく昌幸が宣戦布告したのだ。

秀忠軍は一気にひねりつぶそうと総攻撃したが、老獪な昌幸は城にこもったかと思えば、突然攻撃に出て秀忠軍を手玉に取り、暗くなれば夜打ちをかけ、さらにはダムを決壊させ水攻めをしたのだ。

徹底的にうちのめされた秀忠の軍は、のちに徳川家の公文書に**「死傷算なし」と書き残されるほどの大敗を喫する**ことになるのだ。

大量の兵力を失った秀忠は小諸に敗走し、急いで美濃に向かった。

だが時はすでに遅く、関ヶ原の戦いに間に合わず、真田昌幸に大敗した挙句、家康の怒りを買ってしまうのだった。

真田昌幸

14 宮本武蔵が関ヶ原の戦いに参加していた？

江戸時代の初期に剣術家としてその名をとどろかせた宮本武蔵は、1584（天正12）年頃に現在の岡山県美作《みまさか》で生まれたといわれている。

天正12年といえば、天下統一を狙う秀吉と家康が対決した小牧・長久手の戦いが起きている。

小牧・長久手の戦いは、その2年前に本能寺で死んだ織田信長の後継争いから始まった戦いだ。

さらに、四国では長宗我部元親が十河城の戦いで讃岐（香川県）を平定するなど、まさに戦国まっただ中だった。

そんな戦乱の世に生を受けた武蔵は幼少期からかなりの悪童で、学はなかったが、10代になると大の男と互角に渡り合い、**勝負に打ち勝つ力**を持っていたといわれる。そのうえ、**並々ならぬ出世欲があった**。

そんな武蔵が17歳の頃、天下分け目の関ヶ原の戦いが起こる。大戦で手柄を立てて、侍大将になることを夢見ていた武蔵は、関ヶ原の戦いに参戦しているのだ。

とはいえ、武士ではない武蔵は足軽、つまり雑兵である。どんなに剣の腕が立っても当時、剣士は武芸者でしかなく、鉄砲を駆使した戦場で剣術は単なる〝小手先の技〟としか認識されていなかったのだ。

そんな一雑兵でしかなかった武蔵は、**西軍と東軍どちらで戦ったのかさえ定かではない。**

武蔵の父、無二が東軍の黒田家に仕えていたという文書が残っているから東軍で戦ったのが有力な説といわれる。

だが、西軍の宇喜多秀家陣営で参戦して敗け、激しい残党狩りが繰り広げられる関ヶ原から命からがら故郷に戻ったともいわれていて、真偽は定かではない。

左：後代になって描かれた宮本武蔵。
右：子供時代の武蔵像。

15 関ヶ原の後、特別扱いを受けた家がある？

関ヶ原の戦いで勝利を収め、悲願の天下人となった徳川家康は、合戦後、有力大名の封じ込めにかかった。石田三成率いる敵方の西軍についた大名の封土を没収したり、減らしたりしたのだ。

長宗我部氏や石田氏、宇喜多氏らは封土を没収され、上杉氏らは石高を4分の1に減らされた。**敗者は徹底的に叩きのめされた**のである。

だが、なかには西軍について敗者になっておきながら本領安堵、つまり**そのまま領地の所有を認められた**大名があった。薩摩の**島津氏**である。

関ヶ原の戦いで、島津軍は西軍のほぼ真ん中に陣を構えていたが、積極的に戦いに参加しようとせず、防戦一方だった。

そして、西軍が総崩れし始めると、攻め込んできた東軍に囲まれてしまう。すると、島津軍は鋒矢《ほうし》の陣形（202ページ参照）を取って、東軍の中を突破して関ヶ原を後にしたのだ。

しかし、なぜ家康は、にっくき石田軍に味方した島津氏に対してこのような寛大な処置を講じたのだろうか。

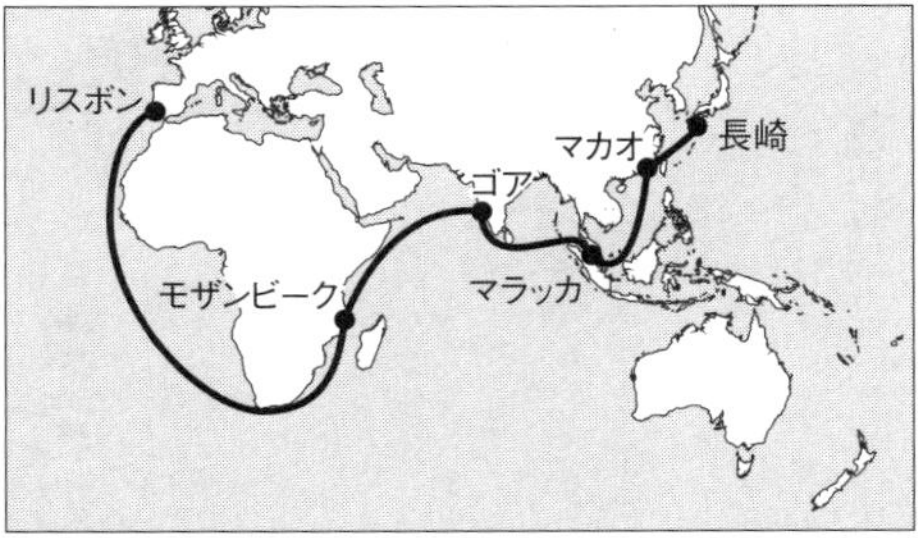

南蛮貿易のルート。ポルトガルのリスボンから日本まで、片道２～３年かかった。

それは、ひとつには**鹿児島港が南蛮貿易の拠点**だったからだ。

鉄砲が伝来して以来、戦いに火薬や鉄砲玉は欠かせないものだったが、原料になる硝石や亜鉛は東南アジアで産出されたものをポルトガル商人から輸入しており、この重要なルートを取り潰すわけにはいかなかったというわけだ。

さらに、**島津氏が手つかずの鉄砲を大量に持っていた**ことも、封じ込め策からはずされた理由のひとつだった。

ちなみに、家康の腹が見えない島津家の当主・島津義久は、この処置には裏があるのではないかと警戒したという。

16 「東北の関ヶ原」と呼ばれる合戦がある？

関ヶ原で徳川家康率いる東軍と石田三成率いる西軍による天下分け目の決戦をしていたのと時を同じくして、「東北の関ヶ原」と呼ばれる激戦があったのをご存じだろうか。**長谷堂城の戦い**ともいわれる、**慶長出羽合戦**がそれだ。

西軍についた**上杉景勝**の軍勢と、東軍についた**最上義光・伊達政宗**の軍勢が東北において激突したのだ。

東北では上杉、最上、伊達の3氏がしのぎを削っていたが、反徳川勢力の上杉氏が家臣の**直江兼続**に命じて徳川方の最上氏を攻めさせ、東北の関ヶ原の合戦は始まったのである。

「愛」の字を飾った兜を被ったことでも知られる兼続は、あっという間に最上領を席巻する。

そして、関ヶ原で合戦が行われた同じ日には、最上氏の居城である山形城の近くまで肉薄し、前衛である長谷堂城を取り囲んでしまったのだ。

しかし、長谷堂城主である志村光安《あきやす》らの奮闘もあり、長谷堂城は頑として落ちなかった。

そのうえ、最上勢に伊達の援軍が到着し、戦線はこう着してしまう。

長谷堂城とそれを守備する志村光安の姿。(長谷堂合戦図屏風より)

そんな状況で両軍に届いたのが、関ヶ原で三成の西軍が大敗したという一報である。

これを聞いた兼続は「天、我に味方せず」と言って自害しようとしたが、それを諫めたのが「傾奇者《かぶきもの》」として名を馳せた**前田慶次郎**だった。

説得された兼続は、慶次郎らとともにすみやかに撤退を始める。

この時、最上氏・伊達氏の猛烈な追撃を受けながらも2万以上の軍勢を撤退させた兼続の腕前はじつに見事で、家康さえも感嘆させたという。

17 勝率が一番高かった武将は誰？

生涯無敗を誇った武将として名前があがるのが、**吉川元春**と**立花宗茂**の2人だ。

吉川元春は智将といわれた毛利元就の次男として生まれ、母方の従兄である名門、吉川家の養子になり家督を継いだ。

やはり、養子に出て小早川家の家督を継いだ弟の小早川隆景とともに毛利家を支え、父の元就が名をあげた厳島の戦いにも参戦している。

そんな元春の名を世に知らしめたのは、毛利氏の長年の宿敵である山陰の雄・尼子氏を降伏させた第2次月山富田城の戦いだ。

この戦いによって尼子氏は完全に滅亡し、毛利氏は名実ともに中国地方の支配を確立したのである。

その後も秀吉の毛利攻めを撃退するなど、57年の生涯で76回の戦に挑み、元春が手がけた戦の**勝率は8割以上**と驚くべきものだった。

吉川元春像

立花宗茂

一方の立花宗茂は、元春から30年以上遅れて生を受けている。

幼い頃から武人としての才能をうかがわせ、大友氏の家臣で鬼神と恐れられた立花道雪から直々に養子に迎えられたほどだった。

やがて秀吉に認められ傘下に入るも、のちに関ヶ原の戦いの前には家康が味方に引き入れようとしたという。宗茂の戦の才能は誰もが認めるものだったようだ。

結局、関ヶ原の戦いののちに家康に取り立てられ大名に復帰し、76歳でこの世を去るまで**生涯無敗を貫いた**のである。

活躍した時期の異なるこの2人が、もしも刃を交えていたら――。果たして軍配はどちらに上がっていただろうか。

いずれも名将同士の対決は最後まで勝敗が決することはなかった可能性が高い。

二章 武器にまつわる謎

18 戦場の主な兵器は刀ではなかった?

合戦といえば、刀を振りかざした武士の一軍が敵に襲いかかる戦闘シーンが印象的だ。ドラマや映画、そして合戦図などにもこのような場面が描かれていることが多い。そのためか、種子島に鉄砲がもたらされるまでは、日本では刀を中心にしたチャンバラ合戦が繰り広げられていたと思われてきた。

じつは、それは真実ではなかったようだ。

たしかに戦国時代、刀は武士にとってなくてはならないものだったことは違いない。だが、それは敵を組み伏せる場合にのみ使われており、大群で敵に切りかかっていくようなことはなかったのだ。

もし、相手に接近して攻撃に出れば、敵陣だけでなくみずからの兵にも大量の死傷者が出る。自分の軍はできるだけ無傷なままで、敵だけを倒すには接戦は避けたいところだ。

そんな戦術を可能にしたのが、**槍**《やり》だったのだ。

槍を使って敵をしとめる様子。（川中島合戦図屏風より）

槍は刀に比べて扱いが簡単で、**訓練をあまり受けなくても使うことができた**。戦国時代の兵士たちの多くは領地の農民たちであり、平素から訓練を受けた職業兵士ではない。扱いやすい槍は、彼らにうってつけの武器だった。

また、柄の長さも大きな利点だ。手槍で2～3メートル、長柄と呼ばれる長い槍は3～5・5メートルもあった。そのため、相手との間合いを大きくとることができるので、防御の意味でも槍はたいへん優れた武器だった。

突く、叩く、払うなど、用途もさまざまで、扱いもたやすく防御力も高い槍は、一般の兵士だけでなく名のある武将にも好まれたという。

真田幸村が愛槍の十文字槍をもって、大坂夏の陣で家康を追いつめたというのも有名な話である。

19 鉄砲には敵を撃つ以外の使い方があった？

1543（天文12）年8月25日は、日本の合戦を変えることになった鉄砲が種子島に伝来した日だ。

この時、漂流した南蛮船に乗っていたポルトガル人は鉄の筒のようなものを手にしており、これで狙いを定めて引き金を引くと遠くの標的を木端微塵にした。

それまで合戦で使われてきた弓矢や槍とは比べものにならないくらい殺傷能力が高く、この南蛮の武器に度肝を抜かれた島の城主、種子島時尭《ときたか》はポルトガル人から鉄砲を譲り受けたのだ。

だが、最初は敵を倒すのではなく、ある意外な使われ方をしていた。それは、**射撃音で敵を威嚇する**というものである。

銃撃戦を任されたのは主に足軽だったが、対象物に弾を命中させるほどの技術は一朝一夕では身につかない。

そこで、初期の頃はタイミングよく発砲し、**敵や敵が乗る馬を驚かせることをひとつの戦術としたのだ**。

発砲時の轟音は人馬を驚かせるという効果があった。

ところで、鉄砲玉の主な原料は熱に溶けやすい鉛で、しばらくは国産の弾でまかなえていたが、それも全国に広まると急激に不足するようになった。

戦国時代は国内で大量に銀が採掘され、その銀を精錬するために鉛が使われていたため常に不足していた。そこで鉄砲玉に使う鉛は、ポルトガル商人によって東南アジアから輸入されたのだ。

つまり、鉛を取引できるルートを制すれば戦国の世の覇権を握ることができたのだ。信長や秀吉が南蛮貿易の中心地だった堺を重視したのはそのためだ。

そして信長は、1575（天正3）年の長篠の戦いで鉄砲隊を編成し、まさに鉄砲を武器に天下人へと上り詰めていくのである。

20 鉄砲を使わせたら最強の傭兵集団がいた？

戦国時代の終わり頃、各地の戦いの場で名を上げた集団がいる。それが**雑賀衆**《さいか》だ。彼らは当時、**最強の鉄砲使い**であり、巧みなチームワークで次々と敵を倒し続けた。

1570（元亀元）年、天下統一をもくろむ織田信長とそれを阻む本願寺勢力が激突した石山合戦で、雑賀衆が本願寺サイドについて信長を苦しめたのは有名な話である。

その雑賀衆は紀州（和歌山県）の60以上の土豪たちの集まりで、なかでも土橋家、鈴木家が大きな勢力だった。

また、リーダーには代々「雑賀孫一」という名が引き継がれていたこともわかっている。

地縁でつながり鉄砲で武装するという、かなり特殊な集団だが、彼らの正体は、雇われて戦いに参加する**傭兵**《ようへい》**軍団**だったという見方が根強い。

金さえもらえればどこでも戦い、乱世において**「雑賀を味方につければ必ず勝てる」**とまでいわしめたのだから、その実力は本物だったのだろう。

石山本願寺の戦いで奮闘する雑賀衆。中央が孫一で、右側に孫の孫六がいる。

だが、石山合戦で本願寺の要請を受け入れたのは、金銭だけが理由ではなかった。じつは、雑賀衆の中には本願寺と同じ一向宗の信者が多かったため、ことさら肩入れしたのだ。

もっといえば、雑賀衆すべてが傭兵とは限らず、また足並みが常にそろっていたわけでもない。実際、石山合戦の後半に集団は分裂し、対立関係に発展したりもした。

石山合戦は１５８０（天正８）年に終結し、ほどなくして雑賀衆は内部の権力争いに巻き込まれた。

しかし、最後は敵に回した秀吉の猛攻に遭い、栄華を取り戻すことなく独自集団としての役目を終えたのである。

21 長篠の戦いの三段撃ちはなかった？

1575（天正3）年、武田信玄の後継者として武田家を率いた勝頼と、織田信長・徳川家康連合軍との間で戦いが起こった。

きっかけは勝頼が遠江（静岡県西部）の高天神城を侵攻したことだ。

この時、城主の小笠原長忠は家康に援軍を頼んだが、それまで持ちこたえられず投降したといういきさつがある。

そして勝頼が次に目をつけたのが、三河支配の第一歩にもなり得る長篠城だったのだ。

この長篠の戦いで有名なのは、なんといっても織田・徳川連合軍による**3000挺、三段撃ち**だ。

両軍は、城の近くにある設楽原《したらがはら》で対峙し、勝頼は戦国最強と自負する騎馬隊で突撃した。

だが、その騎馬隊を迎え撃ったのが、連合軍の最前線にいた鉄砲隊だった。彼らは3000挺の火縄銃を横1列3段の隊に分け、いっせいに発砲。みごと勝頼軍を蹴散ら

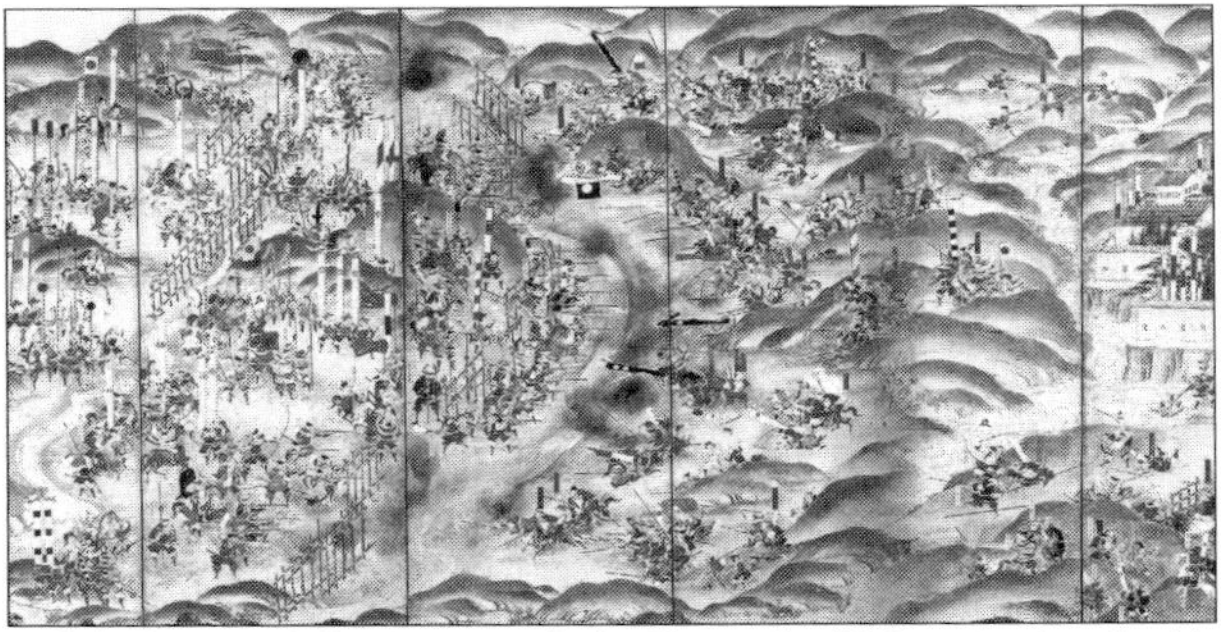

長篠合戦図屏風全体を見ると、当時は険しい山が連なっていたことがわかる。

したというのである。

だが、残念ながらこのスケールの大きい作戦は、現在、**つくり話と結論づけられている**。

その理由はとてもシンプルだ。鉄砲隊は1000人×3列という陣営だったが、戦場となった設楽原の地形では、この隊を置くほどのスペースをとることは**物理的に無理**だったのである。

このことから、実際の鉄砲の数は1000挺程度だったとされているが、隊がある作戦のもとに連射したのは事実だろう。

ちなみに最強とうたわれた武田軍の騎馬隊についても、その数や規模を疑問視する声がある。しかし、いずれにしても武田軍はこの戦いに惨敗し、やがて滅亡したのである。

22 鉄砲は無敵だったのか？

長篠の戦いは、鉄砲の圧倒的な威力を見せつけた合戦として知られている。

なにしろ、武田勝頼率いる戦国最強ともいわれた武田軍を織田信長の鉄砲隊が迎え撃ち、あっという間にほぼ全滅させてしまったのである。

事実、この戦い以降、鉄砲は勝敗の鍵を握る最強の兵器と考えられるようになり、戦国時代の合戦のスタイルをガラリと変えていった。

しかし、鉄砲がそれほど無敵だったのかといえば、じつはそうでもない。

まず、鉄砲はなんといっても**雨に弱い**。当時の火縄銃は火薬や火縄が水に濡れれば、まるで使い物にならなかった。そのため、悪天候の中での戦いには不向きだったのである。

また、**弾の入れ替えにもかなりの時間と手間がかかった**ので、現在の銃のように連射ができないのも難点だった。

弾の入れ替えにもたついていると、かえって敵から一気に攻められることもあったの

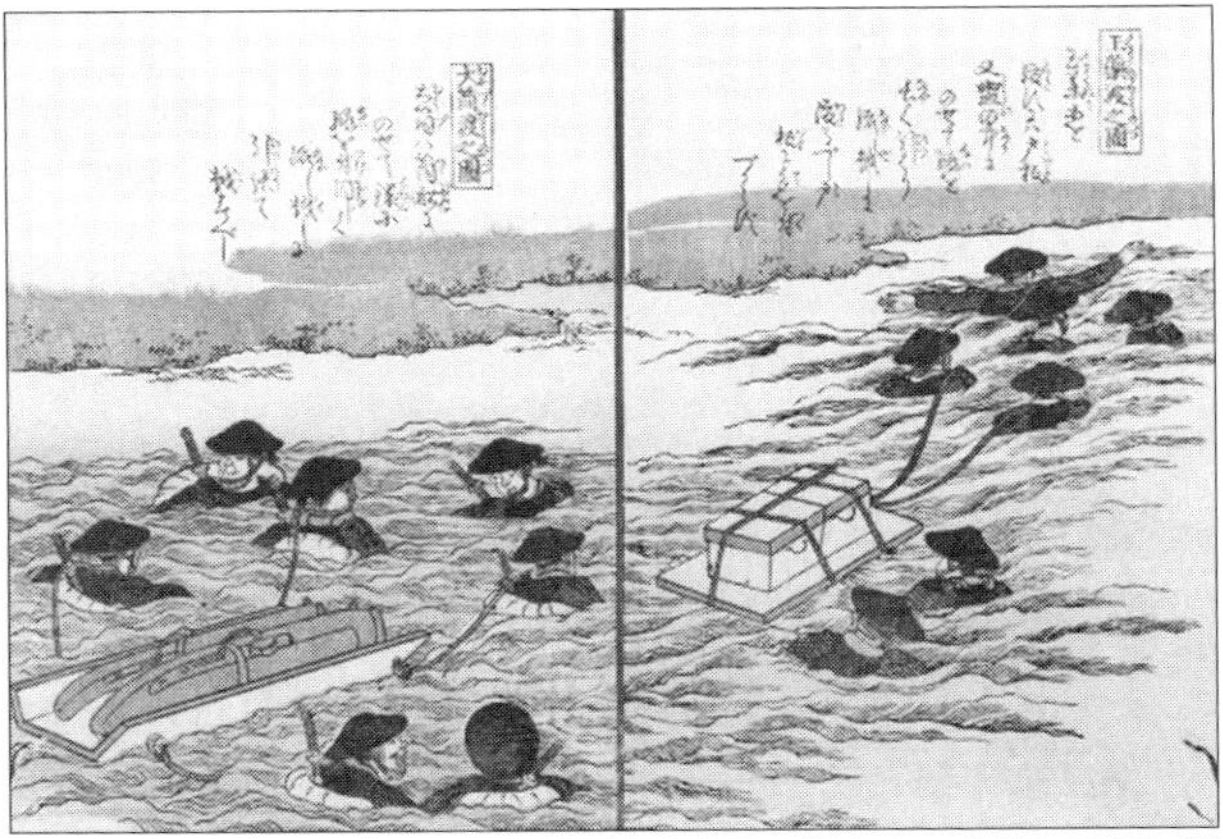

足軽たちは、自分は水につかりながらも鉄砲は濡れないように丁寧に運んだ。(『武道藝術秘傳圖會』より)

だ。

そこで鉄砲隊を何列かに分けて布陣させ、1列目がいっせいに射撃をしたら、次は即座に2列目に交代するといった戦法がとられるなどしたが、この戦法には大量の鉄砲が必要となる。

その大量の鉄砲を調達するのに**莫大な金がかかってしまう**ことも、戦国武将たちにとってかなりの痛手だったようだ。

しかも、戦国時代の鉄砲は性能が悪く、さらには鉄砲を上手に使いこなせる兵もまだそれほどいなかった。

迎撃戦などで、よほどの至近距離で狙い撃ちできる状況でなければ、鉄砲の威力は十分に発揮できなかったようだ。

23 島津軍は関ヶ原で得意の戦術に失敗した？

鉄砲が伝来した種子島がある薩摩を領地にしていた島津氏には、他の戦国大名にはない独特の戦術がある。それは**「繰抜《くりぬき》」**といわれる**鉄砲戦術**だ。

繰抜は鉄砲を持った10人の武士が横に並び、1列目が撃つとその場で弾を込める。そして、弾を込めている間に後ろの列が前に抜き出て敵を撃つといったやり方だ。これを交互に繰り返すことによって、じりじりと敵陣に迫っていくのだ。

しかも、島津軍はこれを鉄砲足軽がやるのではなく、鉄砲の扱いに慣れた薩摩武士が前線に出て敵を打ち崩していった。

北九州一帯を支配していた龍造寺氏は、沖田畷《なわて》の戦の時、この戦法で一方的に攻撃されて滅亡した。島津義弘率いる島津軍が、他の部隊と比べて格段に勇猛だったといわれるのは、**充実した鉄砲と繰抜戦法のおかげ**だったのだ。

だが、関ヶ原の戦いではこの戦法がうまく機能しなかった。

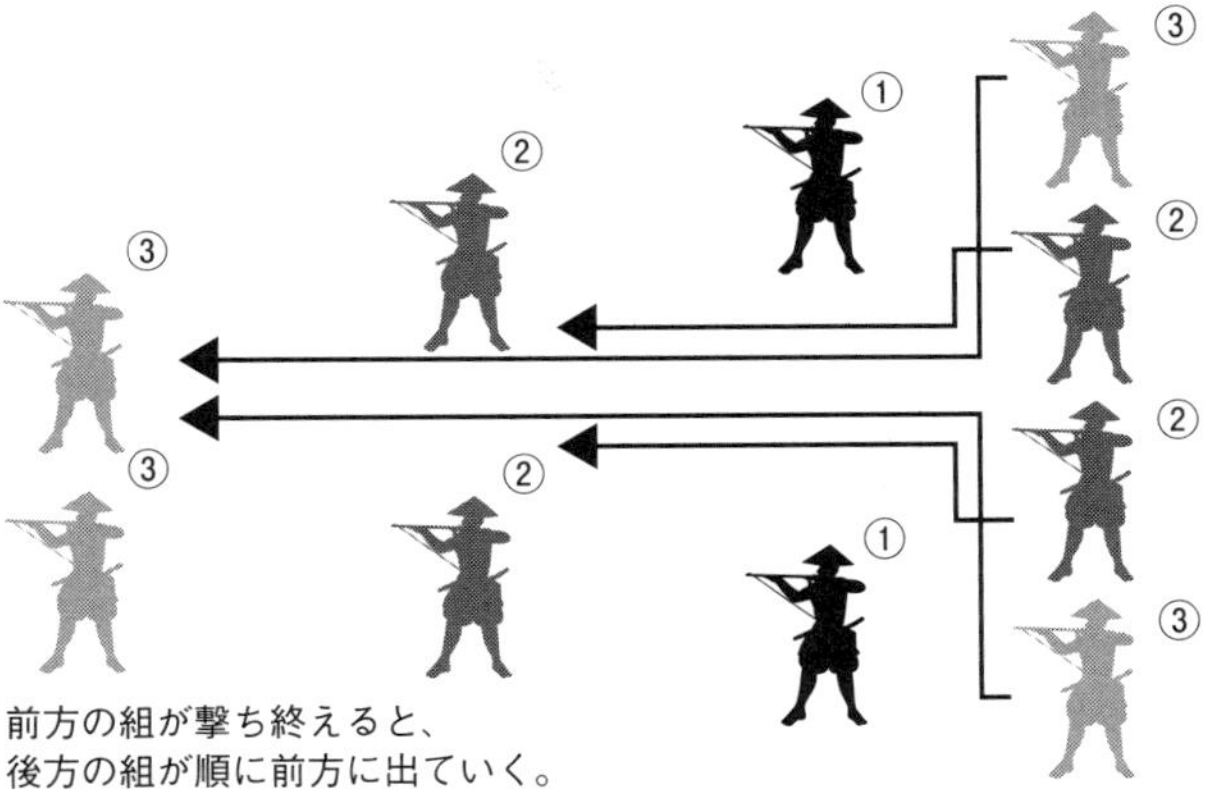

前方の組が撃ち終えると、
後方の組が順に前方に出ていく。

　じつは繰抜は、事前の準備がものをいう戦術で、戦闘が始まる前に鉄砲隊の立ち位置を決めておく必要がある。

　これを**「前積《まえつもり》」**というのだが、関ヶ原ではこれが十分にできなかった。合戦当日は朝から霧が深く、いつものように周到な準備ができなかったのだ。

　しかも、戦闘の火ぶたは朝霧が晴れる前に切られたのである。そのため、鉄砲隊の列をスムーズに入れ替えることができず、さらに敵が多かったためにもみ合いになってしまったのだ。

　やがて味方の西軍が総崩れになると、島津軍は生き残った兵士を集めて敵陣を突き進み、関ヶ原を脱したのだった。

24 すでに大砲が使われていた？

1543（天文12）年の鉄砲伝来は、日本の戦いを根本から変えたといわれている。それまで弓や刀で敵とやり合っていたのが、鉄砲の弾で蹴散らすという西洋式の戦いに一変したのだ。

しかし、鉄砲よりも破壊力があるものといえば、なんといっても**大砲**だが、戦国時代に大砲は存在したのだろうか。

文献をさかのぼると、鉄砲伝来からわずか17年後、豊後（大分県）のキリシタン大名としても知られる**大友宗麟**が、将軍足利義輝に**「石火矢」**を贈った証拠が残っている。

この大友宗麟こそ、日本で最初にポルトガルから大砲を輸入した人物なのだ。

この頃の大砲の種類は大鉄砲、大筒、石火矢の3種で、なかでももっとも威力があるのが石火矢（フランキ砲）だ。

口径90ミリメートル以上で、最大射程は4・5～5キロメートルだったと推測される。

大友宗麟は、のちにこの石火矢を**「国崩し」**と命名した。

すでに鉄砲が国産化していたように、大砲も堺や近江（滋賀県）で製造が始まり、戦場には大型の火砲がときおり登場するようになった。

基本的に大砲は海戦で使用されるケースが多かったが、地上戦でも使われた例はあった。たとえば1614（慶長19）年の**大坂冬の陣**などはその代表である。

記録によれば大坂城に猛攻をしかけた徳川軍は、約700メートル先の天守閣に向かって集中砲火したという記録がある。

その時に使用されたのは、海外から輸入したカルバリン砲という大型のものだった。そして、狙いは豊臣秀吉の側室・淀殿の御座所だったという。

「国崩し」と呼ばれた大砲のレプリカ。大友宗麟が築城した臼杵（うすき）城址に置かれている。

25 水軍はどんな船を使っていた？

瀬戸内の**村上水軍**といえば、戦国最強の傭兵軍団として名高い。村上水軍が活躍した数々の戦いの中でも有名なのが、毛利元就と陶晴賢《すえはるかた》が戦った厳島の戦いである。

数の上では劣勢だった毛利軍が圧勝したのには、村上水軍を味方につけたことが大きい。

いわゆる海賊大名であった村上水軍が主力としていたのが**「小早《こはや》」という小型の快速船**だ。

小早は櫓を漕ぐ水夫たちを守る矢倉を装備していないため攻撃力や防御力に劣る反面、**小回りが利いて速力がある**。瀬戸内海の狭い海域では特にこの機動力が大きな武器となった。

瀬戸内海で陶の大水軍を相手にした厳島の戦いでも、この機動力はいかんなく発揮された。

村上水軍の船は毛利軍の射手を乗せ、３００艙の船隊を組んだ。さらに小型の船はそのスピードと敏捷さで、迎える陶の船を翻弄し、追い散らすことができた。上陸した毛利軍の射手たちは厳島の宮尾城に籠城する部隊に合流すべく、敵の本陣を背後から突っ切った。

復元された小早船。

さらに、村上水軍は厳島の海上に控えていた陶の水軍を撃破していた。

小型の装甲船で陶の船団の間に突っ込み、片端から陶水軍のもやい綱を切ってまわる。そこへ射手船《いてぶね》が銃や弓を撃ちながら、追い打ちをかけた。もやい綱を切られた陶の船は統制を失い、逃げまどううちに放火されて毛利方に乗っ取られてしまったのだ。

兵士の輸送、そして**敵の後方部隊の駆逐**という重要な役割を担った村上水軍の働きが、毛利軍を勝利に導いたのは間違いない。

その重要性から「厳島の戦いの真の勝者は村上水軍だ」とする見方もあるほどなのだ。

26 織田軍が造らせた鉄甲船はどんな船だった？

群雄割拠の戦国時代には、権力を握っていた寺社も武装して武士と対立していたが、戦国時代の末期、社寺勢力の敵は天下統一をめざす織田信長だった。

なかでも**石山本願寺**は、足かけ10年にわたり織田信長と戦っている。それが**石山合戦**だ。この石山合戦で信長は本願寺を兵糧攻めにした。すると、本願寺は安芸の毛利輝元に助けを求め、それに応じて元就は因島《いんのしま》の村上水軍に兵糧や弾薬を持たせて大坂に運ばせようとした。

それを知った信長は、木津川河口に近い大坂湾を木の楯板で装甲した総矢倉の安宅船《あたけ》で海上封鎖する。そこに、瀬戸内の海賊衆として名をはせていた村上水軍は、投げ焙烙《ほうろく》といわれる火薬の入った武器を船に投げ入れてきたのだ。

火攻めにあった木造船はあっという間に炎上し、織田水軍は壊滅的な敗北を喫したのだ。

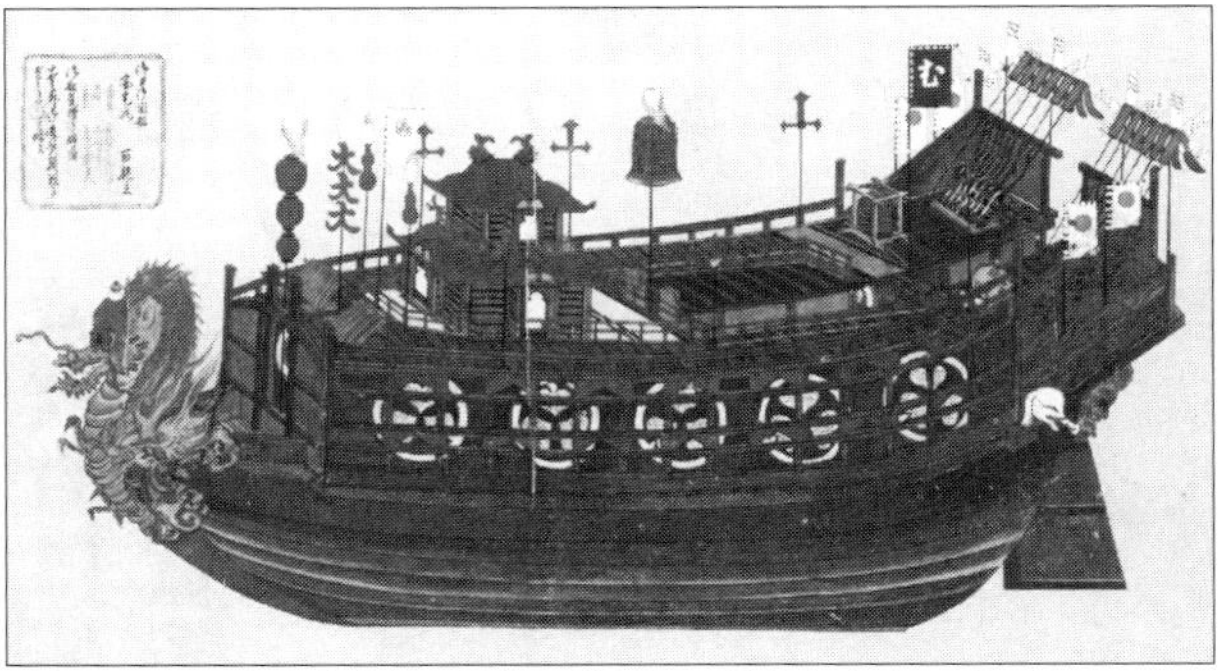

甲船はこのような安宅船に鉄板で装甲して作られたものだった。

この敗北を機に、信長はある秘密兵器の開発に着手した。それは、志摩水軍の**九鬼嘉隆**《くきよしたか》に命じて造らせた**鉄甲船**だった。

鉄甲船は長さ約22メートル、幅約13メートルの巨大軍船で、船全体が鉄板で覆われている。

火攻めに対する抜群の防御力を誇り、もちろん焙烙を投げ込まれたところでビクともしない。さらに、装備した大鉄砲で敵を狙い撃ちにした。そんな最強の巨艦を信長は7隻も用意していたのだ。

鉄甲船と激突した村上水軍は本願寺に兵糧を入れることができず、本願寺は孤立することになる。

そして、開戦から1年半後、本願寺は信長に降伏することになるのである。

27 城攻めに使われた「亀甲車」はどんな武器？

子供の頃から秀吉にかわいがられ、生涯秀吉に忠義を尽くした**加藤清正**は、多くの功績を遺した戦国武将だ。

性格は勇敢で潔癖な武人肌、そして何よりさまざまなアイデアを形にできる知識と技術を持っていた。

そんな清正は、城攻めのための新兵器として**亀甲車**なるものを作っている。

これはいわゆる人力装甲車で、秀吉の第2次朝鮮出兵といわれる**慶長の役**で登場している。

亀甲車はその名のとおり、亀の甲羅のように傾斜のついた屋根を持ち、全体が牛革に包まれていて鉄板が張られている。さらに、車の先には牛の生首を刺してあったという。

亀甲車は敵から放たれた火や矢を通さず、どれだけ石を投げつけられても中に入っている兵は傷を負うことはない。

左手に描かれているのが屋根のついた亀甲車。

つまり、**敵の城に迫るために作られた兵器**だったのである。

とはいえ、戦国時代の日本の城はほとんどが山城だったため、人力の亀甲車では山を登ることはできなかった。

だが、朝鮮の普州《しんしゅう》城は日本の城とは違い平地にあり濠もなかった。そのため亀甲車に数人の兵を載せ、中から攻撃しながら城壁まで接近することができたのだ。

そうして一気に城壁を乗り越えて突入し、落城させたのである。

この時代、このような装甲車はヨーロッパでは珍しいものではなかったが、キリシタンではなかった清正が南蛮の知識をどこでどのように得たのかはわかっていない。

28 馬防柵は地味だけど強力な武器だった？

長篠の戦いは、織田信長の鉄砲隊と武田勝頼の軍勢が激突し、鉄砲の圧倒的な威力が見せつけられたことで知られる。

だが、この戦いでは鉄砲のほかにもうひとつ、地味で見た目からはわからない強さを発揮した兵器があった。それが**馬防柵**だ。

武田軍は従来の戦法である騎馬で突撃してくると考えられた。馬防柵はこの戦法に対抗するために、信長が考え出した馬を侵入させないための柵である。

戦場となった設楽原《したらがはら》は南北に細長い高原だが、信長はそこに流れる連子川沿いに**2キロメートル以上にわたって馬防柵を築いたのだ。**

この柵は約7〜9メートルおきに織田軍の兵士が柵の外に出るための逆襲口が設けられているもので、三段構造になっていた。

柵を三段に分けたのは、武田軍に一段目を突破されても、二段目、三段目があれば、後方で態勢を立て直す時間ができるからだ。

信長はこの**馬防柵の後ろに鉄砲隊をずらりと配置した**。そして、武田軍が押し寄せるとおとりの兵を柵の外に出して鉄砲隊の射程距離まで引き寄せ、近づくと柵内に逃げ込ませていっせいに射撃させたのである。

長篠合戦図屏風に描かれた馬防柵。銃の先を馬防柵にかけている。

柵の上部には立って射撃する時のために銃を据えつけられる横木や、下部には長槍の穂先をかけて置くための横木も工夫されていた。

当時の設楽原には大きな樹木がなかったため、信長は岐阜から丸太を1本ずつ兵士に持たせて運ばせたという念の入れようだった。

その甲斐があり、野外戦にもかかわらず織田軍は籠城したかのような戦いができたのである。

29 武士は四方から飛んでくる矢をどのように防いだ？

戦国時代の合戦で、意外とあなどれない武器だったのが弓矢だ。飛道具としては鉄砲と比べものにならないが、安価で作ることも簡単なことから、弓矢は合戦時の必須アイテムだったのである。

そのため、いざ戦場に出ると武将や兵たちに向かってあちこちから矢が飛んでくる。そのような〝矢の雨〟を武将はどのように防ぎながら敵陣へと突撃していったのだろうか。

まず、頭を守るのは兜だが、頭部を守る兜鉢の左右や後ろには首を守る**しころ**という防具がついていて、大事な首も守られていた。

また、体を守るためには鎧をつけるが、戦国時代には**胴丸**や**腹巻**という種類の軽くて身動きのとりやすい鎧が人気だったという。

これらのほかにも、足を守る脛当《すねあて》、腕を守る籠手《こて》、腰から下を覆う草摺《くさずり》や腰回りを守る佩楯《はいだて》、顔面を守る頬当など、小具足と呼ばれる防具を武将はたっぷり身につけていた

母衣を背負う武将たち。(大坂夏の陣図屏風より)

のだ。

さらに、無防備になりがちな背中には、**母衣**《ほろ》という防具を背負っていた。合戦図に描かれた武将が背中に何やら大きな袋のようなものを背負っているのを見たことがある人もいるだろう。あれが母衣だ。

布で作り、上下に紐がついていて背中に背負う。合戦図で袋のように見えるのは、クジラのヒゲなどで骨組みした籠の上に母衣をかけたためで、馬で走ると風で母衣がふくらむからである。ふくらむことで矢を避けやすくなるのだ。

四方八方から飛び交う矢から身を守るために、武将たちはさまざまな工夫を凝らしていたのだ。

30 北条早雲は牛を武器にした？

相模国（神奈川県）を代表する城といえば小田原城だ。前身は室町時代に西相模一帯を支配していた大森氏が築いた山城で、正確な築城年は明らかになっていないが、15世紀半ばとみられている。

難攻不落と呼ばれた小田原城を築いたのは15世紀末に小田原に進出した、のちの後北条氏だ。

城は関東支配の拠点として拡張され、城下町を含む総延長9キロメートルに及ぶ**「総構え」**と呼ばれる大規模な城郭を築き上げた。

だが、その後北条氏が小田原を攻め落とした時も、すでに簡単に攻略できる城ではなかった。

しかし、陥落したのは、後北条氏の祖・**北条早雲**のある**突飛な作戦**が功を奏したからだ。15世紀末、小田原城を守っていた大森氏頼に早雲は親しげに接近した。そして大森氏の警戒心を解いたところで、「鹿が逃げたので、自分のところの勢子《せこ》（鹿追い）を箱根の山に入らせてほしい」と持ちかけ、あっさり承諾を得た。

すると早雲は、勢子に見せかけた部下とともにみずからも山に入り、すぐ近くの石橋山と石垣山に軍を分けた。そして夜を待って、双方の山から牛の角に松明をつけた群れを追い落とすという奇策を決行したのである。

信じられない数の大軍が闇討ちをしかけてきたと思い込んだ小田原城は、**大パニックに陥った**。城主の氏頼もすぐさま城を逃げ出したため、城はいとも簡単に早雲の手に落ちたのである。

この**「火牛の計」**と呼ばれる作戦は、戦国時代の古代中国で編みだされた奇策中の奇策だ。

背後に箱根連山がそびえる小田原という立地だからこそ、この秘策が生きたのかもしれない。

小田原城駅前に立つ北条早雲の銅像。脇には、角に松明をつけた牛が連なっている。

三章 戦国武将にまつわる謎

31 じつは織田軍団は「戦国最弱軍団」だった?

天下統一にあと一歩まで迫った織田信長だが、彼が率いる織田軍にはある特徴があった。**ここぞという命がけの場面には驚くほど弱かった**というのだ。

これは信長の軍隊が**金で雇われた兵士が中心だった**ことが原因だ。

戦国時代も中期以降になると、兵農分離によって兵士を職業とする者たちが出てきた。彼らは日常的に武器を持ち、訓練を行い、戦闘のプロともいえる**傭兵集団**になったのだ。

足軽と呼ばれた彼らを雇うことで、各軍はいつでも出陣できる常備軍化が進んだ。新しいものを積極的に取り入れてきた信長は、特にこの足軽たちを重用したという。

農民を徴兵するスタイルとは違って、農繁期に左右されずに長期にわたって戦うことができるからだ。

しかし、戦闘のプロ集団がなぜここぞという場面で弱かったのだろうか。

農民兵士たちにとっては、戦に負けることは自分の土地や家族を奪われることを意味

浅井長政の家臣・遠藤直経が敵陣に飛び込む様子。左奥に信長の姿が見える。(『新撰太閤記』より)

する。一方で、**足軽たちには守るべき土地がない**。金で雇われているにすぎない彼らには、その身を捨てて戦に臨むという覚悟がなかったのだ。

織田軍と浅井長政の軍が戦った姉川の戦いでもその弱点が露呈した。

序盤戦、数の上では圧倒していたはずの織田軍は猛攻撃をしかけてくる浅井軍の前に大苦戦を強いられた。一時は浅井軍が織田本陣に迫る勢いだったという。

しかし、戦国時代の戦闘は時代が進むにつれて規模が大きくなっていった。信長がこだわった傭兵部隊は、兵力の確保という点において先を見越した選択だったといえるだろう。

32 信長が使ったただましのテクニックとは?

世の中には王道というものがあるように、兵法にもやはりセオリー通りのやり方がある。

たとえば、あまりにも強大な兵力を持つ敵と戦う時には、まともにぶつかれば自軍に大きな損害が出る。このような場合は籠城策に出て、相手が疲弊するのを待つのがふつうだ。

だが、信長はそうはしなかった。わずか4000の兵で、東海地方のトップに君臨する今川義元の2万5000の大軍を迎え撃ったのだ。

1560(永禄3)年5月19日の午前3時、今川軍が織田軍の丸根砦と鷲津砦を攻撃してきた。**桶狭間の戦い**の火ぶたが切られたのだ。

今川軍が2つの砦を簡単に制圧すると、それを確認した義元の本陣が桶狭間に展開してきた。この本陣は、先に2つの砦を攻めた軍とは別の軍である。だが、信長は味方の兵に言った。

「敵は早朝からの攻撃で疲れている」

その言葉に織田軍の兵士たちの士気は一気に高まった。

信長が兵や旗指物を残していった善照寺砦跡。

だが、信長はすべての兵力を桶狭間に動員したわけではなかった。1000の兵を善照寺砦に残し、さらに突撃隊の2000の兵が鎧につけていた味方を識別するための旗指物も置いていったのだ。

これは、**今川軍にまだ信長は善照寺砦にいると思い込ませるための作戦**だった。さらに、農民に扮した信長方の参謀が、今川軍に差し入れをするという芝居まで打った。早朝の攻撃に成功して楽勝ムードだった今川軍は、この差し入れで昼食をとり始める。そこに信長は奇襲をかけたのだ。

こうして**敵も味方もまんまとだまし**、信長は義元の首を討ち取ったのだ。

33 石田三成は大名の妻子を人質にとろうとした?

1598(慶長3)年、織田信長の後を継いで天下統一を果たした豊臣秀吉が病死すると、世の中には徳川家康を新しい天下人と認める空気が流れ始めた。

だが、豊臣家にはそれを阻む勢力があった。秀吉の側近だった石田三成である。三成は23歳で賤ヶ岳《しずがたけ》の戦いに参加してから、天下統一をめざす秀吉をサポートし続けてきた。秀吉亡き後は、まだ幼い後継者の秀頼に代わって天下を動かしていこうとする。**家康も三成も同じ野望を抱いていた**のだ。

そんな2人を戦に向かわせる機会が訪れた。会津の上杉景勝が秀吉の死後、軍備を増強していることを知った家康が、1600(慶長5)年6月16日、豊臣方の大名を率いて会津上杉征伐のために大坂城を出陣したのだ。

その隙に、三成は豊臣方の大名らの妻子を人質に取るという**人質収監作戦**に出た。秀吉の部下でありながら、秀吉が死去すると家康になびいた加藤清正や黒田長政らは

細川忠興（左上）の妻ガラシャ（左下）は、大坂の細川屋敷にいた時に石田三成（右）の襲撃に遭った。

三成にとって内部の敵になる。

そこで、大名が留守の間に妻子を人質に取っておけば、自分に刃向うことはあるまいと三成はこの作戦を実行に移したのだ。

しかし、人質を徴収し出した7月13日には大名の妻らはすでに屋敷から逃げており、屋敷にいた者も必死の抵抗に出た。

さらに、細川忠興の妻である細川ガラシャは三成に追い詰められて逃げ切れないと知ると、**家老に自分の首を斬らせて命を絶った**。

この一件で、三成は混乱が広がることを懸念して人質収監作戦を中止したのだった。

34 秀吉はどこがすごかったのか?

名だたる武将を押しのけて天下を統一したと聞けば、さぞかし強大な軍事力を持っていたのだろうと想像してしまうが、豊臣秀吉を天下人に押し上げたのはその武力ではない。秀吉最大の武器は、人たらしとも称された類まれな**政治力**だった。

政治家に必要な資質は、**エネルギー、感受性の強さ、優れた交渉力と折衝力、自己表現力、そして組織化に長けている**といった点だろう。

秀吉はそのすべての資質を兼ね備えた、優れた〝政治家〟だった。

その政治力がいかんなく発揮されたのが、信長の跡目を決めた**清洲会議**である。

会議の出席者は秀吉、柴田勝家、丹羽長秀、池田恒興の4名だった。勝家は信長の三男・信孝を推し、秀吉は信長の長男の子でわずか3歳の三法師を推した。

もし信孝が後継に決まれば、秀吉は勝家の二番手に甘んじることになる。これは秀吉にとって**絶対に負けられない駆け引き**だったのだ。

会議の出席者のうち、丹羽と池田は秀吉側についた。勝家と親しかった滝川一益が会議に出席しなかったことも秀吉に有利に働いた。

会議の結果、信孝ではなく秀吉が推す三法師が家督を継ぐことに決まった。

つまり、幼い三法師の後ろ盾として、秀吉は実質的に織田家家来衆のナンバーワンに躍り出て、天下人への道を大きく一歩進んだのである。

さて、ここで終わらないのが秀吉が人たらしの政治家といわれるゆえんだ。

自分の領地だった長浜を勝家に譲り、丹羽と池田には領地を多くとらせてしっかりとその恩に報いた。丹羽と池田は、後々まで秀吉に仕えたという。

35 秀吉のひょうたんは武功の証だった？

天下人となった豊臣秀吉の生涯は、真贋《しんがん》織り交ぜた逸話にこと欠かない。

織田信長の家臣として美濃（岐阜県）の斎藤龍興《たつおき》を攻めていた**稲葉山城の戦い**でも、有名な「墨俣《すのまた》一夜城」の逸話を残している。

わずか数日で城を築いたというものだが、実際は創作に近く、築城には1ヵ月半ほどかかったという説が有力である。

しかし、稲葉山城の戦いからはもうひとつ、信憑性の高い逸話が生まれている。それが、「秀吉の千成瓢箪《ひょうたん》」である。

織田軍が稲葉山城を攻める際に、信長に仕えていた秀吉がのちに献身的な臣下となる蜂須賀小六らとともに敵の背後を回って城内に潜入した。

潜入経路を確保した秀吉は、持っていたひょうたんを振って織田軍に合図を送り、味方を引きいれて勝利に導いたのだという。

手柄を立てた秀吉は、信長から合戦の場で自分の所在をあらわす目印となる**「馬印」**を用いることを許された。

武将にとって馬印は**武功を立てた証**であり、ステイタスシンボルでもあったのだ。その馬印に使われたのが、ひょうたんの図柄なのである。

秀吉は手柄を立てるたびに馬印のひょうたんの数を増やしていったという話もあり、それが「秀吉の千成瓢箪」として有名になったのだ。

ひょうたん型の馬印を使う秀吉。(長篠合戦図屏風より)

現在の岐阜城にも千成瓢箪の逸話に関する史跡が残っており、当時の秀吉が登った山道のルートに近いものをたどることができる。

稲葉山城の戦い以来、秀吉が馬印を用いているのは事実のようで、逸話の信憑性はある程度高いといえるだろう。

36 戦国史上最悪の結果となった城攻めとは？

日本中の武将が領土争いをしていた戦国時代は、悲惨な話が数多く生まれた時代でもあった。その中でも最悪といえる、農民を巻き込んで多くの命が消えた戦がある。

それは、1581（天正9）年に起こった、**豊臣秀吉**による**鳥取城攻め**だ。

織田信長の配下にいた当時の秀吉は、中国攻めの総隊長に任命されて、因幡（鳥取県）にある鳥取城に侵攻する。

そのころ鳥取城を守っていたのは、中国一帯を支配していた毛利家から派遣されてきた吉川経家《つねいえ》だった。経家は、破竹の勢いにあった秀吉とまともに戦っても勝算なしと見て籠城作戦に出た。

鳥取城に籠城したのは兵が1000人と農民兵が2000人、そして経家の手勢が400人。一方、秀吉は2万の兵を率いていた。

秀吉の用意は周到だった。鳥取城は籠城作戦をとるだろうとみて、事前に商人を鳥取

鳥取城内で、馬や草、はては死体までを食べる人々。

城の城下に派遣して**高値で米などを確保していた**のだ。

そのため、経家がいざ城内の兵糧を検分してみると、その量はわずかしかなく、兵糧をかき集める間もなく秀吉の軍に包囲されてしまうのだ。

そして、両軍がにらみ合ったまま2ヵ月が過ぎると、城の中は飢餓状態に陥った。

空腹が限界に達すると籠城兵は馬や牛を殺し、ついには銃撃で負傷した兵に助かる見込みがないとわかると、その人肉さえも取り合う事態となった。これが、いわゆる**“渇《かつ》え殺し”**である。

地獄絵図となった城内を見かねて経家は降伏し、みずからの切腹と引きかえに兵を助けてくれるよう申し出て、非情の鳥取城攻めは終わったのである。

37 なぜ秀吉は19日で巨大な堤防を造れたのか？

戦国時代の合戦には、さまざまな戦法が存在したが、**「水攻め」**といえば1582（天正10）年に勃発した**備中高松城の戦い**が思い浮かぶ。

高松城とは現在の岡山市に存在した城で、合戦当時の城主は毛利方の清水宗治だった。

ここに狙いをつけたのが、天下統一を目前としていた織田信長の家臣・のちの豊臣秀吉である。清水氏が城の明け渡し要求を断固拒否したことで、関係性は一気に戦闘モードへと突入した。

秀吉軍は、軍師・黒田官兵衛の提言により、水攻めを選択する。

近くを流れる川をせき止める堤防を造り、城の周囲へ水路を引き込む。梅雨時ということもあったが、城はあっという間に水びたしになり、見事に水攻めは成功したのである。

驚くべきは、この水攻めのために費やした工事期間がわずか19日間だったということだが、そこには秀吉のこんな知恵があった。

水攻めのための堤防を造る人夫たち。彼らが懸命に働いたおかげで堤防は完成した。（水攻防戦之図・赤松水攻之図）

水攻めに必要な堤防は、長さ2・8キロメートル、幅20メートル、高さ7メートルというかなり大規模なものだった。

これを築くのには自軍の人員だけではとうてい足りない。そこで秀吉は近隣の農夫たちを雇い、**土のう1個につき銭百文、米一升という褒美《ほうび》をとらせた**のだ。

この褒美は破格といえるものであり、さらに**グループごとに競わせてボーナスもプラスした**。この報酬につられた農民たちが一挙に加勢し、異例の突貫工事は完了したのである。

秀吉は戦いにおけるスピードの重要性を知っていた。だからこそ、カネで人を動かすことをためらいなくやってのけたのだろう。

38 大坂城は浮島になるように造られていた？

後世に語り継がれることになる豊臣秀吉の備中高松城の水攻めは、あまりにも意表をついたものだった。

敵の城の近くを流れる川に強固な堤防を造り上げ、大雨の降るのを待つ。すると、城は水没して完全に孤立し、身動きが取れなくなる。そうして敵陣の士気を下げるという戦法である。

これを逆に考えれば、みずからの城のまわりを水で満たしてしまえば、敵の攻撃を阻むことになる。

じつは秀吉は、大坂城を築城する際にそれを計算していたという。敵に攻め込まれそうになったら、城の周囲を水で満たし、**大坂城を浮島にしてしまおうとひそかに計画していた**というのだ。

水の都といわれた大坂には多くの川が流れている。大坂城がある河内平野には淀川や天満川、寝屋川がある。

その中でももっとも大きな流れである淀川の左岸に、秀吉は文禄堤と呼ばれる全長27キロメートルにおよぶ長い堤防を造った。いざとなったらこの堤防を壊して平野を水没させようとしたのだ。

そして、その計画は実行されようとした。対立していた徳川軍が押し寄せてきた大坂冬の陣で、実際に堤防を切ろうとしたことが記録に残っているのだ。

だが、これは**徳川軍の鉄砲で撃退され、堤防を決壊させることができなかった**。川の水は流れ出したが、徳川軍の行く手に支障をきたした程度で、大坂を水没させるには至らなかった。

そして冬の陣の後、家康によって城の周囲の濠は言葉巧みに埋め立てられてしまう。裸同然となった大坂城は夏の陣で落城し、豊臣家は滅亡の道を辿ることになったのである。

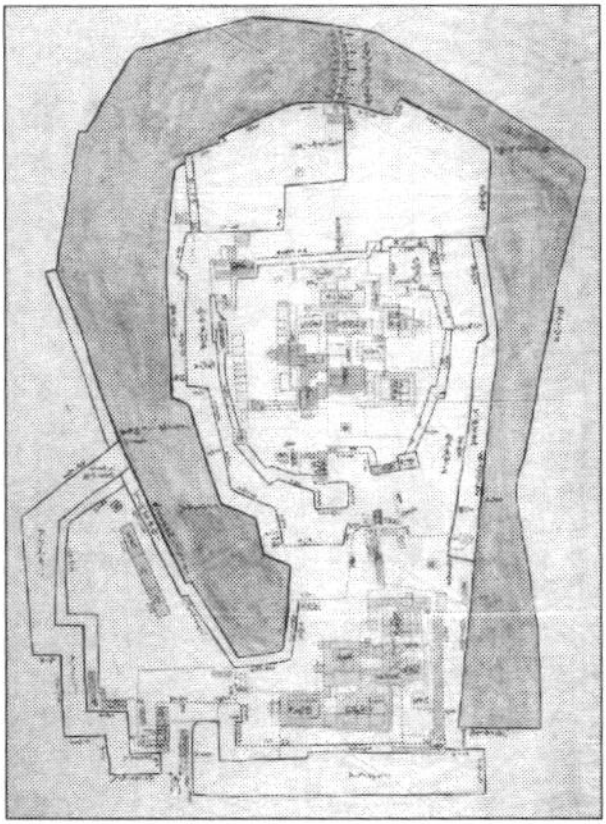

豊臣時代の大坂城本丸の図面。

39 家康は信玄におびき出されたわけではない？

のちに天下統一を成し遂げた徳川家康にも敗戦の経験はある。その代表とされるのが武田信玄と戦った**三方ヶ原の戦い**である。

三方ヶ原の戦いでは、信玄の挑発に乗った家康が大敗を喫したとされている。しかし、必ずしも家康は策略にひっかかったわけではないという見方もあるのだ。

1572（元亀3）年、信長のいる京に向かい、徳川の領地である遠江（現在の静岡県西部）に入った武田軍の勢いのすさまじさは、「城一つが数日しか持たなかった」という逸話が残るほどだ。

ところが、信玄は徳川家康の本拠地である浜松城には向かわず、その北にある**三方ヶ原を進軍していった**。これがわざと家康を無視したように見せておびき出す作戦であり、老獪な信玄と若さにはやった家康を対比するように語られている。

しかしじつは、**たとえ信玄の作戦だとわかっていても、家康は打って出るしかなかった。**

なぜなら、信長と家康は同盟関係というよりは主従関係にあり、家康の領土を通って信長を討ちに行く信玄を見過ごすことは立場上不可能だったからである。

「自分の屋敷の裏庭を黙って通らせたら武士の名に恥じる」という家康の命のもと、家臣たちの結束は高まった。そして、討ち死にした家臣の誰もが敵に背を向けてはいなかったのである。

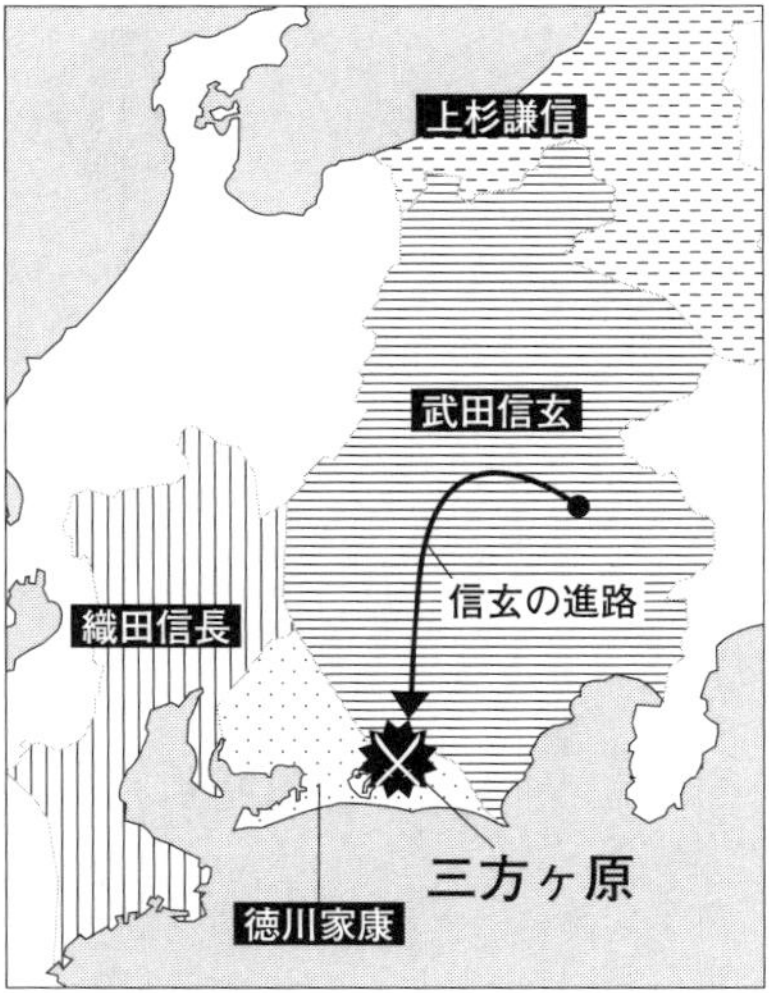

1572年頃の勢力図

大敗して何とか浜松城に逃げ帰ったとはいえ、臣下の三河武士の勇ましさは知れ渡ることになると同時に、信長への体面も保つことができた。

強大な武田軍を前に家康が何を思ったのかは知るよしもないが、若さゆえに挑発に乗ったと決めつけるのは、いささか早計であるかもしれない。

40 家康は信長の乳兄弟に苦しめられた?

1584(天正12)年に起こった小牧・長久手の戦いは、織田信長亡き後、織田家の実権を奪取して天下統一をもくろむ秀吉と、それに不信感を抱いた家康との戦いだ。家康は信長の二男、信雄《のぶかつ》と連合軍を組んで、打倒秀吉のために出陣した。

この戦いは、互いが相手を警戒してこう着状態が続き、1年にわたる長期戦となった。徳川家の記録によると最後は和睦を結んで終結したとされている。

だが、それは徳川側の言い分であって、じつは家康は降伏に追い込まれたというのが事実のようだ。

じつは開戦間もなく、家康・信雄連合軍は窮地に追い込まれている。家康が秀吉攻略作戦のひとつとして重視していた犬山城が、**池田恒興《つねおき》の奇襲作戦**であっという間に陥落したのだ。

家康はこれにはあぜんとした。なぜなら、恒興は信長の**乳兄弟**で、戦いになれば必ず信雄の味方になると信じていたからだ。

だが、恒興は秀吉軍に加わっていた。しかも、肝心な拠点を攻略されてしまったのである。

さらに、犬山城の奇襲が恒興の単独作戦ではなかったことに家康は打ちのめされる。

じつはこの奇襲は、**秀吉が考えた大がかりな戦略のひとつだった**のだ。

池田恒興

恒興が犬山城に侵入した時、犬山城に城主の中川定成は不在だった。秀吉は家康との戦いが始まる直前に、蒲生氏郷らに伊勢を攻めさせていた。城主の定成は、この救援に出て城を留守にしていたのだ。

つまり、秀吉の戦略にまんまとはまり、伊勢におびき出されていたのだ。

信雄と家康は、この大きな誤算によって、その後の戦いに大苦戦することになるのである。

41 家康は寝返り工作に南蛮甲冑を使った?

豊臣秀吉が羽柴を名乗っていた時代から、秀吉に仕えてきた石田三成は、秀吉の死後、五大老のひとりである徳川家康に深い憎しみを募らせていた。

家康が秀吉の子、秀頼に忠誠を尽くすといっておきながら豊臣政権を裏切り、天下人のようにふるまい始めたからだ。

そして、そんな三成の恨みを知っていた家康も、いずれ三成を倒さなければ真の天下人になることはできないと考えていた。

だがその当時、大坂にいた家康直属の軍勢はわずか3000しかなく、残りは亡き秀吉が残した豊臣方の武将たちが率いる兵である。しかも、彼らは優秀だった。

そこで、家康は理不尽な領地没収などで**三成と敵対関係にあった武将を取り込む作戦**に出た。

最初に狙いを定めたのは**黒田長政**だ。長政は秀吉の右腕だった軍師、黒田官兵衛の長男で、豊臣方の武将たちからの信頼が厚かった。

家康はその長政を呼び、あるものを与えた。それは、南蛮甲冑だった。南蛮甲冑はヨーロッパの鎧をまねて日本式に作ったもので、胴を包む鉄板が鉄砲の弾を弾き返す構造になっていた。いわば最強の防具である。

この秘蔵の品を与える代わりに、家康は長政に**自分に従うよう説き伏せる**。しかも、他の豊臣系の武将にも家康軍につくよう説得することを命じたのだ。

さらに、同じ手を加藤嘉明《よしあき》にも使った。賤ヶ岳の七本槍のひとりにも数えられ、豊臣方の武将として功績を残してきた嘉明にも南蛮甲冑を与え、味方につけることに成功した。それほどまでにこの甲冑には魅力があったのだ。

この裏工作が功を奏し、家康は**5万8000の兵を持つことに成功する**。

こうして兵をかき集めた家康は、満を持して関ヶ原の戦いに突進していくのである。

徳川家康所有の南蛮甲冑。胴丸のふくらみが南蛮甲冑の特徴だ。

42 家康は小さな出城にさんざん苦しめられた？

関ヶ原の戦いで名を挙げた家康が、その地位をさらに強固にするために豊臣家に挑んだ戦いが、1614（慶長19）年の**大坂冬の陣**、そして翌年の大坂夏の陣だ。

開戦時、家康軍は圧倒的に有利だったが、思いのほか手こずることになる。その要因のひとつが**真田丸**の存在だ。

真田丸とは大坂城に造られた出城で、その名の通り**真田幸村**が築いた。関ヶ原の戦いで浪人となった幸村は、徳川との対立にあたり豊臣側から協力要請を受けた。

秀吉が築いた大坂城は現在とは異なり、本丸、二の丸、三の丸と、石垣が幾重にもはりめぐらされた複雑で強固な造りだったが、外郭の南側だけが手薄だった。幸村は入城してすぐにその弱点に気づき、築城に着手したという。

出城は高さ6メートルの土塁の上に建ち、規模は東西142メートル、南北216メートルほどだった。

濠の内部は塀が続く東郭と、柵で囲んだ西郭で構成され、前面には水濠を配した。幸村はここに3000の兵を集めて、籠城したのである。

徳川軍は総勢20万の大軍だったが、真田丸はその進撃を阻んだ。先鋒となった前田利常の隊を鉄砲で攻撃、思わぬ苦戦に引き上げを命じた別の隊も撃たれ、**徳川軍は甚大な被害を出した**のだ。

家康は真田丸を擁する大坂城を攻め落とすのは難しいと判断し、いったんは講和を結び退散したが、作戦を練って臨んだ夏の陣では攻略に成功し、大坂城は滅びた。

必死で抵抗した真田丸もついに陥落し、今では城址を示す石碑を残すのみである。

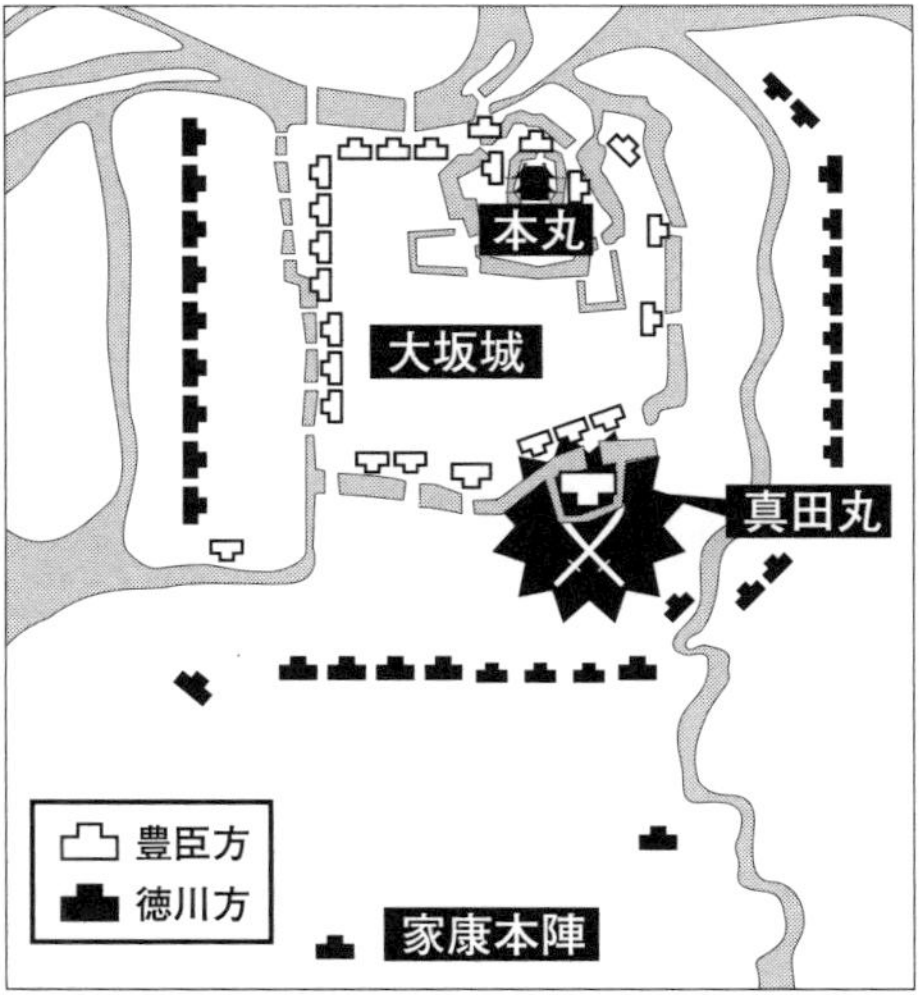

43 天下人になった家康はじつは替え玉だった？

徳川家康には2つの替え玉説がある。

ひとつ目は、**家康は桶狭間の戦いで死んでいたのではないか**という説だ。

家康は幼少時代に松平家から今川氏に人質に出されており、今川軍と織田信長が戦った桶狭間では、じつは今川軍の前線で戦っていた。そして、今川軍が敗れると今川氏と決別し、信長と同盟を結んでいる。その家康が替え玉だというのだ。

正室の築山殿や長男の信康を殺し、力をつけるにつけて本家の松平家を冷遇しているというのがその根拠とされている。

2つ目は、**大坂夏の陣で討ち死にしていたのではないか**という説だ。

冬と夏の2度にわたって繰り広げられた大坂の陣は、江戸に幕府を開いた家康が大坂の豊臣家を滅亡させるために挙兵した戦いだ。

この戦いは史上空前の白兵戦になった。互いが刀で斬り、槍で突くという壮絶な接近格闘戦になったのだ。

徳川軍も大苦戦し、軍の指揮官が次々と死傷した激闘の中で、家康も絶命したのではないかといわれているのだ。

そして、その遺体は**堺の南宗寺に埋葬された**とまことしやかにささやかれている。

大坂夏の陣図屏風に描かれた家康の本陣。家康は周囲を守られ、馬上で伝令の報告を聞いている。

たしかに大坂城を落城させ、豊臣家を滅ぼしたとしても、家康が亡くなったと世に広まれば、開いてまだ3年の徳川幕府の土台が揺るぎかねない。

そこで、替え玉を立てることで徳川幕府の安定を図ったのではないかといわれているのだ。

ちなみに、この南宗寺には1623（元和9）年になって家康の子の秀忠と孫の家光が墓参りに訪れたという。

44 武田騎馬隊は存在しなかった？

武田信玄が率いた武田騎馬隊といえば、**戦国最強**といわれた軍団だ。鎧兜を身につけた戦国武将がさっそうと馬にまたがり、合図とともに怒涛のように敵陣に向かって突撃していく。

このような戦闘シーンは勇ましく迫力があり、ドラマなどでもよく描かれてきた。だが、本当に武田騎馬隊が存在したのかどうか、その真偽を問う声は少なくない。

なぜなら、武田騎馬軍が織田信長の鉄砲隊に大敗したとされる、長篠の戦いを描いた屏風絵にさえも**騎馬隊だけの戦いの様子は描かれていない**からだ。

馬にまたがった武将の姿はあるが、騎馬だけの隊というのはない。騎馬兵のそばには、必ず何人かの歩兵がついているからだ。

また、ドラマなどでは騎馬隊の馬は見栄えのいいサラブレッドが使われているが、**日本の在来馬はサラブレッドのように大型ではない**。在来馬は大きくても体高は八寸、つ

合戦図屏風に描かれた騎馬。当時の馬の大きさと人間の比率はこのくらいだったと考えられる。（長谷堂合戦図屏風より）

まり145センチメートルほどしかなかったのだ。

だが、だからといって騎馬隊が存在しなかったと決めつけるわけにはいかない。

長篠決戦を前に徳川家康が家臣に送った手紙には、このような記述もある。

「柵等能々念を入れらるべき事肝要に候、馬一筋入り来るべく候」

つまり、武田軍の騎馬戦術を警戒するよう書き記してあるのだ。

騎馬隊が敵陣に向かって突撃し、敵兵をなぎ倒していくようなことはなかったとしても、古くから馬の産地だった甲斐国（山梨県）の武田軍は、馬による戦術で名をはせたことは確かなようだ。

45 武田信玄は同じ人物に2度負けた？

名将という言葉がもっとも似合う武将といえば武田信玄もその1人だろう。信長など多くの戦国大名が彼のことを〝甲州の虎〟と恐れたという。

そんな信玄だが、じつは生涯で2度、同じ相手に手痛い大惨敗を喫している。その相手とは、北信濃の豪族である**村上義清**だ。

1度目は1548（天文17）年、信玄28歳の時である。信玄は信濃攻略を決意し、葛《かつら》尾《お》城に向けて出陣した。だが、そこに義清が現れ、信玄の制圧計画が狂わされることになる。

両者は上田原で激突したが、戦いは壮絶で、両軍が入り乱れての戦闘になった。武田軍は何人もの重臣を失ったうえ、**信玄自身も傷を負った**。完敗といえる散々な結果となったのだ。

それから2年後の夏、信玄は再び信州を制圧すべく、戸石城へ進む。この時、信玄の出陣を知った義清は強大な武田軍を相手に力攻めではなく、**籠城作戦**を選んだ。

武田軍は戸石城近くに陣を張り、9月9日になって総攻撃に出た。

しかし、戸石城は東太郎山の尾根に築かれた山城だ。急こう配の崖をのぼって城をめざそうとしたが、村上勢に石を落とされたり、煮え湯をかけられるなどして苦戦を強いられる。

戦果があがらないまま時間だけが過ぎ、さらに季節が進むにしたがって戦場に山頂から〝逆さ霧〟が舞い降りてきた。義清は北信濃特有のこの現象を利用し、一気に武田軍を切り崩しにかかったのだ。

村上義清

その結果、10月1日になって、武田軍は退却を余儀なくされるのだが、村上軍に激しく追撃され100あまりもの兵を失った。いわゆる「戸石崩れ」である。

これらの敗戦を教訓に、**信玄は無理な戦いを避ける判断力**を持った戦国最強ともいわれる武将に成長したのである。

46 裏の裏をかいた謙信の軍略センスとは?

〝越後の龍〟と称され、戦国時代きっての名将とされたのが上杉謙信だ。信仰心が篤く、「義」の心を重んじた謙信は、天下取りに興味はなかった。謙信の戦は常に秩序を守り、平和を維持するために行われたものなのだという。

謙信の強さは、その武力だけではなく、類まれな軍略的センスにもあった。それがいかんなく発揮されたのが1561(永禄4)年9月の八幡原の戦いである。

約12年間におよんだ武田信玄との**川中島の戦い**の中でも、もっとも激しかったのがこの戦いで、まず策をしかけたのは信玄だった。

信玄は軍師であった山本勘助の進言によって、上杉軍の裏をかく「啄木鳥《きつつき》戦法」を実行したのである。

妻女山《さいじょさん》の上に陣取った上杉軍に対して、ひそかに別働隊を向かわせて山から追い落とし、本隊が待ち構えて挟み撃ちにしようとする策だった。

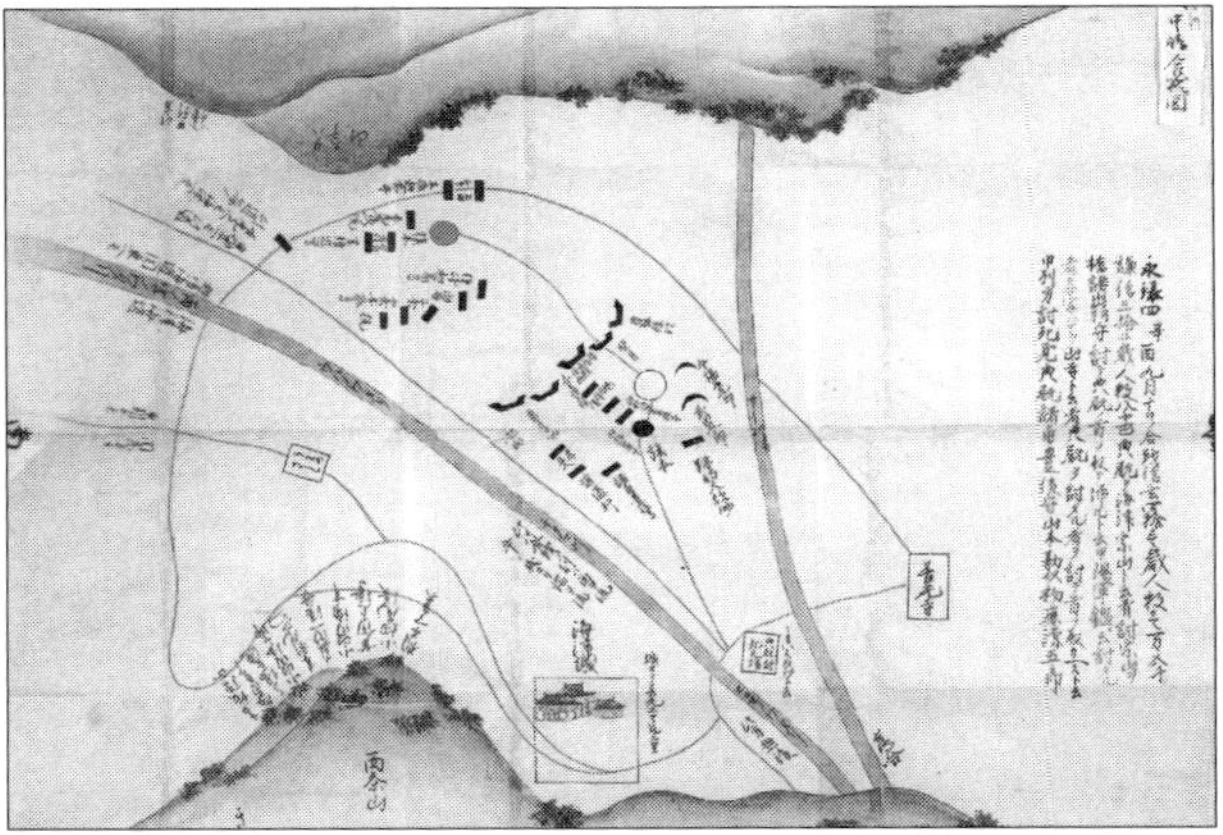

第４次川中島合戦の図。左下の山が妻女山で、中央下部の四角い枠の中に信玄の海津城が描かれている。上杉軍は左手に大きく迂回して武田軍を避けた。

しかし、謙信はこの策略を見抜いた。信玄の本陣であった海《かい》津《づ》城《じょう》から盛んに飯を炊く煙が上がるのを山の上から見た謙信は、夜襲の可能性に気づき、ひそかに山を下りたのだ。そして武田軍が待ち構える八幡原に向かい、翌朝、猛攻撃をかけたのである。

戦略的には裏の裏をかいた謙信に軍配が上がったといえるのだが、その後形勢は逆転し、上杉軍は撤退することとなり、勝負はつかなかった。

しかし、もし謙信が夜襲に気づかなければ、この戦いは上杉軍の大敗北という結果になっていたかもしれないのである。

47 島津家はおとり戦法が得意だった？

南九州の覇権をめぐり、薩摩（鹿児島県西部）の島津方と大隅（鹿児島県東部）の菱刈方との激闘が始まったのは、1569（永禄12）年5月のことだった。

菱刈氏の居城は大口城である。その大口城の付城として島津氏が造った羽月城に菱刈軍が攻めてきたのだ。

そこで島津家久は、得意の**〝釣り野伏〟**をしかけることにした。釣り野伏というのは島津氏独特の戦法で、いわば、**おとり作戦**である。

まず、おとりとなる部隊が敵の城に近づき、そこを襲ってきた敵兵をおびき出し、待ち伏せしていた伏兵が包囲して皆殺しにするのだ。

家久は、戸神ケ尾と稲荷山に伏兵を隠すと、天気が崩れるのを待った。やがて大口城の城下に雨が降り出すと、300人余りのおとり部隊に蓑笠を着せて兵糧を背負わせた。そして、城下町を歩かせたのだ。

これをおとりと知らぬ菱刈方の兵は、兵糧を奪おうと襲いかかってくる。その瞬間、おとり部隊は敗走するふりをして戸神ケ尾に向かって走り出し、まんまと**敵兵をおびき出すことに成功した**。

そして、追ってきた菱刈方の兵は野に伏せていた伏兵に一網打尽にされ、136の首を討ち取られる大敗となったのだ。

この釣り野伏で菱刈方を破った島津氏は、のちに薩摩、大隅、日向の三州統一を果たす第一歩を踏み出すのである。

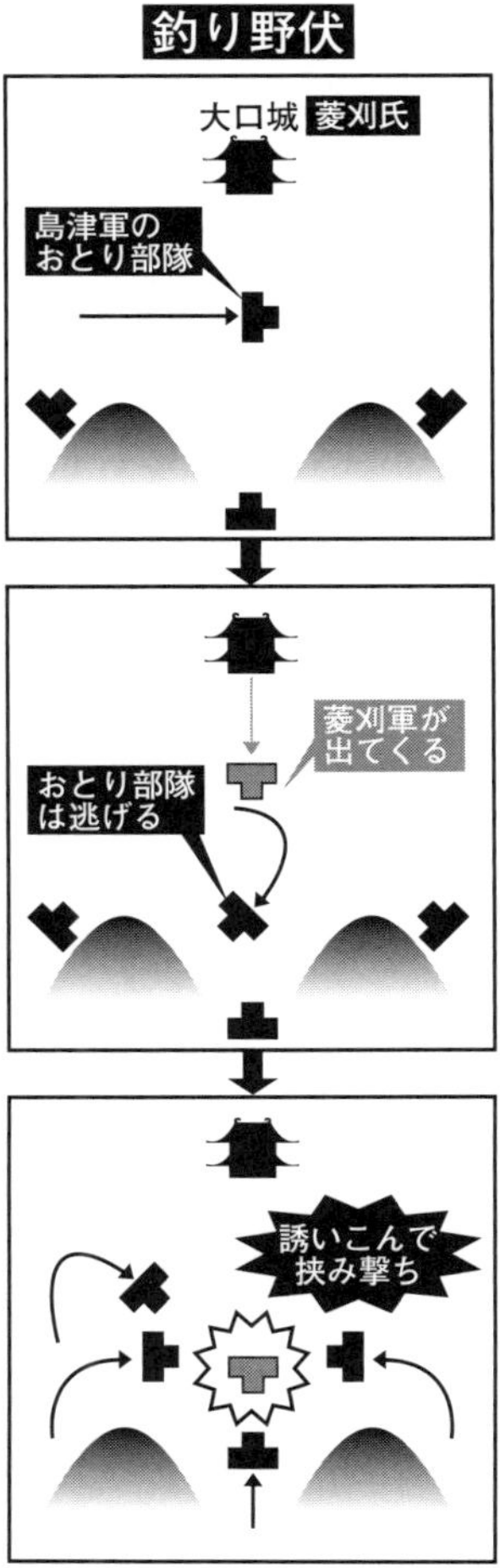

48 毛利元就はわざと襲わせるための城を造った？

「三本の矢」の逸話で有名な毛利元就は、**厳島の戦い**に勝利して中国地方での勢力を拡大した。

総勢2万の陶晴賢《すえはるかた》の軍を4000足らずの兵力で破るために、元就は決戦のずっと以前から秘策を練っていたのだ。

まず元就は、敵となる陶晴賢の腹心で知将として名高かった江良房栄《えらふさひで》が毛利側と内通しているという**ウソの情報を流した**。すると晴賢はそれを信じ、房栄を殺害してしまった。こうして知恵袋を失った陶軍の戦力は低下することになる。

また元就は当時、瀬戸内海や東シナ海、東南アジアの海上で覇権を握っていた村上水軍にも目をつけた。

陶晴賢は村上水軍の利権を狙っており、両者は敵対関係にあった。元就は厳島の戦いの数年前から村上水軍に接触し、味方につくように交渉を続けていたのである。

厳島の戦いを描いた図絵。下部中央にあるのが厳島神宮で、船着場を挟んで左手に宮尾城がある。（芸州厳島御一戦之図）

そして、陶軍をおびきよせるため、**あえて瀬戸内海の小島である厳島に宮尾城を築いた**。そのうえで、「元就は厳島の城を陶軍に攻められることを恐れている」という情報を流した。

さらに、毛利氏の重臣である桂元澄の名前で**裏切りをにおわせる書面を晴賢宛てに送った**のだ。

この策略にまんまとはまった晴賢は、2万という大軍を率いて厳島に上陸、火縄銃を使った猛攻撃をしかけた。

しかし、宮尾城はなかなか陥落せず、嵐に気をとられている隙に毛利軍本隊に背後から攻められ、退路を断たれた。こうして、逃げ場をなくした陶軍の戦死者は5000人近くにも上ったという。

49 毛利元就は戦わずして一国を手に入れた？

戦国大名にとって領土を拡大し続けていくことは使命であり、領地拡大が止まることは国の衰退を意味している。

周防（現在の山口県東南部）の陶晴賢を倒し、さらに大内義長を自殺に追い込んで中国地方の一大勢力となった毛利元就が次にめざしたのは石見国《いわみ》（島根県西部）だった。

石見国には**石見銀山**があり、この銀山をめぐっては、それまでも**大内氏**と出雲を拠点とする**尼子氏**が争奪戦を繰り返していた。１５５６（弘治２）年、元就がその石見銀山の争奪戦に加わったのだ。

銀山のそばには大内氏が築いた山吹城があり、ここを攻略することが石見国を支配することを意味していた。

だが、尼子氏との戦いは熾烈を極め、3年が経っても決着がつかずにいた。

そんな状況に気をもんでいたのが、室町幕府第13代将軍の**足利義輝**である。領地が隣り合った有力な戦国大名が戦うことが、室町幕府の運営に影響を与えると心配していたのだ。

そこで義輝は、元就に尼子晴久との和睦を持ちかけるのだが、元就は耳を貸さずに戦いに突き進んだ。

一方その頃、関門海峡を挟んだ西隣の北九州では大友宗麟が勢力を拡大しており、中国を脅かす存在となりつつあった。

そこで、東西両面から迫られる状態に追い込まれた元就は、義輝の命を思い出し、尼子氏と**和睦を結んだ**のだ。

この思いもかけない対応に尼子方の家臣が動揺し、身の危険を感じた武将は出雲の国に戻っていった。

こうして元就は直接手を下すまでもなく石見国を手中に収め、中国地方の大大名となったのである。

石見銀山の銀で造られた銀貨。

50 合戦場に化粧をして臨んだ武将がいた？

ワイルドで筋骨たくましい猛者たちが死闘を繰り広げている印象が強い戦国時代だが、そのなかで合戦場に化粧をして臨んだといわれる武将がいる。

東海の勇将として知られる**今川義元**である。

義元は、織田信長の奇襲によって桶狭間の戦いで討死している。

進軍中の義元は桶狭間北方の田楽狭間という窪地で休憩をとっていた時に、予期せぬ織田軍の攻撃を受けたのだ。

織田軍の服部小平太に一番槍をつけられた義元は果敢に応戦するが、続いて毛利新介に首を狙われる。

義元は新介の指を食いちぎるなどして抵抗するが、最後には首を取られてしまう。一説によると、この時、義元は**お歯黒をつけていた**という。

馬の乗り降りにも苦労するほど短足で太っていたと伝えられる義元だが、そんな外見

一番槍となった服部小平太（右）と死闘を演じる今川義元（中）。そこに駆けつけた毛利新介（左）によって義元は首を取られた。

ゆえのコンプレックスからか、身だしなみには人一倍気を遣っていたようなのだ。

義元は、日頃からお歯黒をつけ、剃り落とした眉の上に墨で丸く点を描く置眉をし、**薄化粧も欠かさずに施していた**という。

化粧というと女性だけがするもののように思われがちだが、当時こうしたお歯黒や化粧の習慣は、京の公家の男性の間では一般的だった。

今川氏は代々伝統的に京好みとして知られているから、義元もその影響を受けて京風の身だしなみを好んだようである。

しかし、桶狭間で織田軍の奇襲を受けた時は、折からの暴風雨だった。義元は泥まみれとなって討ち取られ、せっかくのお洒落も台無しだったにちがいない。

51 松永弾正はなぜ自爆死したのか？

〝松永弾正《だんじょう》〟こと松永久秀は、日本三大梟雄《きょうゆう》の1人といわれるほど悪名高き人物だ。梟雄とは、残忍な悪人を意味する言葉である。

久秀には、その名にふさわしい伝説がある。主君を毒殺し、時の将軍を暗殺、さらに東大寺に火を放ち大仏を焼失させるという**三大悪事**をやってのけ、自身の悪名を高めたというのだ。

そうして戦国の世をのし上がってきた肝の太さに、信長も一目も二目も置いていたという。

そんな久秀が信貴山城《しぎさんじょう》の戦いで信長に突如として反旗をひるがえしたのである。織田勢として石山本願寺攻めに参加していた久秀だったが、勝手に居城の信貴山城へ引き上げて籠城を決め込む。これは越後の上杉謙信や、中国の毛利輝元らの反信長包囲網を後ろ盾とした裏切りだった。

ところが、上杉、毛利のいずれも動かず、結局久秀は孤立することになる。そして、信貴山城は信長の嫡男である信忠率いる4万の大軍に包囲されてしまう。

ところで、久秀は数々の名茶器を持つ茶人としても知られており、信長はその中でも名器「平蜘蛛《ひらぐも》」に目をつけ、命と引き換えにその茶器を渡すよう伝えた。

この話にさすがの久秀も憤慨したにちがいない。茶器を差し出して命が助かるほど信長は甘くはない。

平蜘蛛のかけらを叩き割る久秀。この後、爆死を遂げた。

茶器も命も奪われるのならば、いっそみずからの手で滅ぼすしかない。

戦況が日に日に悪化する中、覚悟を決めた久秀はついにみずから平蜘蛛を叩き割った。そして**天守に城中の爆薬を集め自爆して果てた**のである。戦国一の悪人にふさわしい壮絶な死にざまだった。

52 伊達政宗は死装束でピンチを切り抜けた?

伊達政宗は戦国末期の東北で、**「独眼竜」**の異名で恐れられた武将である。東北の小さな戦国大名だった政宗が次々と領土を広げ、東北最大の大名にのしあがった時は、まだ20代前半の若さだったというのだから驚く。

そんな政宗は、豊臣秀吉や徳川家康といった権力者たちにたびたび反抗しながらも、なぜか討伐もされずに**戦国の乱世を最後まで生き残った**。

やがては徳川政権下の大名として仙台を全国随一の米どころに育てたが、政宗が生き残れたのは、その強さのためか、運が良かったからなのか。

政宗の生き残りの秘訣は、こんなエピソードにも隠されている。

秀吉が天下統一の仕上げとして北条氏討伐の兵を挙げた時のことだ。秀吉は、政宗にも軍勢に参加するように命じたが、政宗は当初この命令を無視し、かなり遅れて戦いに参加したのである。

遅れたことで秀吉が政宗を殺すのは当然と思われたが、この時、政宗は意外な方法でこのピンチを切り抜ける。なんと政宗は死装束で秀吉に謁見し、**死ぬ覚悟で服従することを示した**のだ。

このパフォーマンスを初々しいと喜んだ秀吉は、政宗を許す。政宗は領土を半分に減らされはしたが、殺されずにすんだのだ。

伊達政宗。幼少時の病気のために右目を失ったため「独眼竜」の名がある。

また、政宗はのちに秀吉の甥である秀次の謀反に加わっていたのではと疑われた時も、巧みな言い逃れで命拾いしている。

一方、もう一人の権力者である家康に対しては、自分の長女を家康の六男に嫁がせるなどして接近している。

強さや運だけでなく、**巧みな策略と外交**で乱世を切り抜ける能力に長けていたのだろう。

53 前田利家はこっそり合戦に参加していた？

前田利家は14歳の時に織田信長の小姓として仕えているが、この時すでにかなりの長身で、6メートル以上もある長槍を得手として周囲から**「槍の又左」**と怖れられていた。その戦いぶりは「肝に毛が生えている」と信長を驚嘆させるほどだった。

その利家は1559（永禄2）年に笄《こうがい》斬りという事件を起こす。笄とは、武士が髪を整える道具のことで、これを信長が寵愛していた同朋衆に盗まれ、信長の目の前で斬りつけたのだ。激怒した信長は利家を斬ろうとしたが、柴田勝家らになだめられ、追放するにとどまった。

その後、浪人暮らしとなった利家は何とか信長に許しを請うべく、**桶狭間の戦いにひそかに参戦して一番首を上げたり、森部の合戦では敵将を倒すという大手柄を立てた。**その甲斐あってやっと信長に戦功を認められて帰参を許され、のちの**加賀百万石の大大名となっている。**この時の浪人暮らしが、ケンカ好きで「かぶき者」といわれていた利家を成長させたのだろう。

本能寺の変で信長が光秀に討たれた後、賤ヶ岳の戦いで利家が柴田勝家軍として布陣したのは、前述の笄事件で恩義を感じていたからかもしれない。

ところが、突然戦線を離脱したため、柴田軍が崩壊して秀吉軍の勝利を決定づけたのだ。人望のあつかった利家は、徳川家康や毛利輝元らとともに五大老に選ばれ、秀吉からは秀頼の後見を任された。

しかし、これは豊臣政権のナンバー2である家康の野望を見抜いていた秀吉が、利家を対抗馬に仕立て上げた人選ではないかとも考えられる。

戦場から凱旋する前田利家。

事実、秀吉が没し、続けて利家が亡くなるとすぐさま家康は加賀征伐に動く。翌年には関ヶ原の戦いに勝利し、豊臣家の滅亡が決定的となったのだ。

四章　合戦場の実態

54 合戦で実際に戦っていたのは農民だった？

戦国時代の合戦といえば、勇ましい武士が甲冑に身を包み、武功をあげようとしのぎを削って戦っているイメージがある。

だが、実際に合戦で戦っていたのは武士ばかりではなかった。

戦国時代には、農民でさえも兵士として合戦に駆り出されていたのだ。いってみれば、**徴兵制**のようなものである。

たとえば、北条氏は豊臣秀吉の22万もの軍勢による攻撃に備えて、**15歳から70歳までの農民を徴兵している**。

出陣に際しては、できれば弓や槍、鉄砲などを持参し、それがない者は鍬《くわ》や鎌でもいいから持ってこいという具合である。

そうした農民がどこまで役に立ったのかは疑問だが、当時は人数の多いほうが合戦を制すると考えられていた時代だ。

合戦図には、武士には見えない格好をした人物が戦闘に加わっている様子が描かれている。（長谷堂合戦図屏風より）

見せかけでも人数は多いほうがいいということか、合戦によっては**武士よりも農民の比率が多い場合すらあった**ようである。

一説には、合戦での死者が１０００人いたら、そのうち武士は１００人から１５０人程度で、残りは農民だったともいわれる。つまり、**戦死者の8割以上は農民だった**というのだから驚く。

兵糧の運送など後方支援に従事することも多かったようだが、いずれにしろ武士のように鎧や兜で身を守っているわけではない。

簡単な武装だけで、戦闘訓練も受けていない農民がまともに戦えるはずはない。結果として、多くの名も知れぬ農民が戦場で命を落としていったのである。

55 兵の数を増やすためには犯罪者も使った？

戦国の合戦といえば、大名や大将など上級武士の華々しい活躍が語られることが多い。しかし、実際に戦場の前線に立ったのは、雑兵《ぞうひょう》といわれた下級兵だった。

歴史に残る有名な合戦では、戦国大名は何千、何万という大部隊を編成している。

たとえば、信長と浅井・朝倉軍が戦った姉川の合戦では、織田軍が援軍と合わせて2万5000、それに対して浅井・朝倉軍は1万8000の軍で迎え撃っている。

だが、どの軍も**構成員の大半は村々から駆り出されてきた百姓たちだ**。

戦国時代、大名の居城のまわりには城下町があり、武家屋敷があった。そこに武士が暮らし、周辺の農村に百姓たちが暮らしていた。

そしていざ出陣するとなると、城の周辺に居を構える武士に伝えられ、武士は農村に伝令を出して人員をかき集める。こうして巨大な部隊が編成されていたのだ。

当時の農村は貧しく、農業だけでは食べていけなかった。そのため、いざ戦となると

避難民を襲う野盗。中央上部では、頭目とおぼしき男性が甲冑の山を前に周囲ににらみをきかせている。（大坂夏の陣図屏風より）

百姓だけでなく、**村のゴロツキや山賊、海賊も殺到した**という。

何しろ、戦に出て敵を倒せば食物や家財だけでなく、人まで奪うことができたのだ。

襲われた村は、まさに地獄を見ることになるのだが、襲ったほうにしてみればこれが給料代わりになる。

特に悪党たちにしてみれば戦は、まさに願ったりかなったりの〝仕事〟だったのである。

歴史にその名を留める大名や上級武士は領土を拡大するために戦っていたが、下級の兵にとって戦国の合戦は**生きていくための戦い**でしかなかったのだ。

56 戦国大名は農民に気をつかっていた？

戦国時代の合戦にはかなりの人数の農民が動員されていたようだが、もちろん身分は農民のままである。

そのため、徴兵の命令が下された時には本業の農業をいったん休んで戦場に向かわなくてはならなかった。

そうした農民に対して、大名もけっこう気をつかっていたようだ。

それは、植えつけなどで農業が忙しくなる時期に、合戦をあまりしていないことからもわかる。**合戦をするのは、農閑期が多かった**のだ。

たとえば、上杉謙信は軍勢を引き連れて毎年のように関東に遠征したが、その期間は秋から冬にかけてである。春の植えつけの時期には軍勢をしっかりと領地に戻している。

また、合戦の期間をみても長期戦になる場合は意外と少なく、合戦自体は数日で終わってしまうことが多かった（146ページ参照）。

戦場で稲を脱穀する兵士たち。稲は食物としてだけでなく、わらは馬の飼葉としても使えるため、戦場でも重宝された。

領地から出陣して帰陣するまでの遠征期間も1ヵ月程度で終わることが多く、農民が長期にわたって農業を離れずにすむように考えられていたようだ。

とはいえ、こうした農民への気づかいは大名の優しさではない。**国力の確保**という重大な意味を持つのだ。

考えもなしに農民を徴兵すれば農地が荒れ果ててしまい、食糧も年貢も調達できなくなる。そうなれば、国の力そのものが落ちて合戦どころではなくなるからだ。

まさに、**腹が減っては戦ができぬ**ということで、戦国大名も農民に気をつかわざるを得なかったわけである。

57 農民も城を持っていた？

一国一城の主という言葉にもあるように、ひとつの領地にその土地の支配者が城をひとつ建てる、というのが一般的な考えだろう。

しかし、何にでも例外は存在するもので、戦国時代にも、**ひとつの支配地に城が2つ**というケースがあった。

さらに驚くべきことに、**2つ目の城を建てたのは百姓たちだ**というのである。

舞台は矢野荘《やのしょう》と呼ばれる播磨国（兵庫県）の荘園である。矢野荘の住民たちは領主に対して、荘園を守るために自分たちで城を築くことを願い出たのである。

はっきりとした記録は残されていないのだが、矢野荘の領主は住人たちの申請を受け入れたようである。

なぜなら、この頃の矢野荘を描写していた文書に「村の有力者たちは城を構えて、荘園をねらう悪党に対して昼夜を問わず警備を固めていた。よそからも加勢がやってきた」

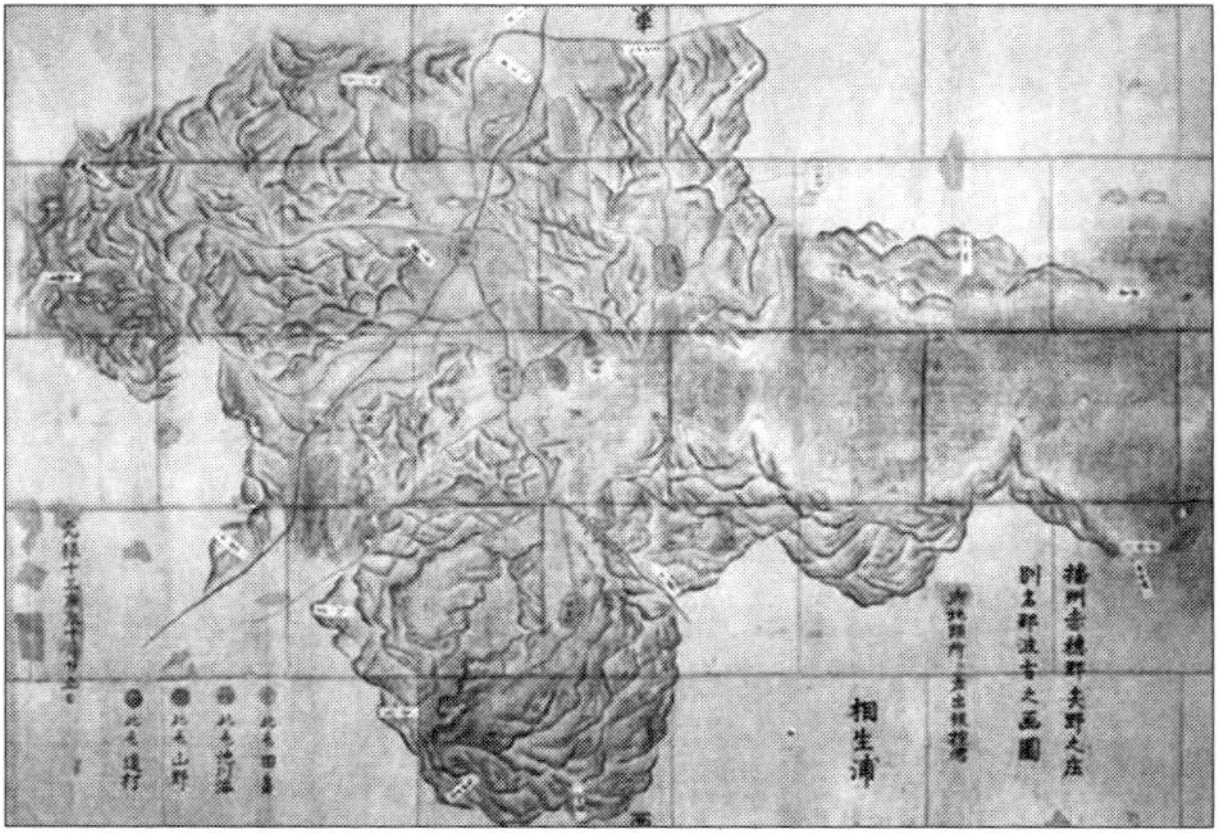

元禄時代に描かれた矢野荘浦分古地図。那波・相生・陸・佐方・池之内の５つの村が描かれている。（「ふるさと相生再発見」より引用）

ということが書き残されているのだ。

近年、調査が進み、藪の中に荒れ果てたまま残されている全国各地の山城の存在が浮かび上がってきた。

その中には矢野荘のような事例もあったはずで、「城は大名や領主のもの」というのは、すべての城に当てはまるわけではないのかもしれない。

城を見れば名のある領主のものと考えてしまいがちだが、実際は名もない村人たちが築いた城であった可能性もある。

村人がみずから築いた城は権力の象徴ではなく、**庶民たちの自衛の拠点**であり、自治につながる大きな第一歩だと見ることができるのである。

58 僧侶も合戦に参加していた?

現代では、俗世間とは縁を切った僧侶は、血なまぐさい戦いとは無縁の存在のように思える。しかし実際のところ、彼らは戦国乱世に深くかかわっていた。

もっとも知られるのが、織田信長と10年にもわたる戦いを繰り広げた**石山本願寺の顕如《けんにょ》**だ。

顕如は本願寺の第11代法主だったが、信徒からの献金により経済的にも**大名に匹敵する権力を持っていた**人物である。

また、本願寺は信長が手を焼いていた**一向一揆の黒幕的存在**でもあり、反信長勢力と手を結ぶ可能性も大きかったため、信長としては目の上のたんこぶだったのだ。

さらには、天下統一のために本願寺の土地が欲しかった信長は本願寺を明け渡すように顕如に要求し、これを拒まれたことから本願寺と信長の戦いは幕を開けた。

本願寺との戦いが長引いたのは、戦いの中心となった門徒宗が命知らずだったことも

門徒らと話をする顕如。刀を差した者の姿もみえる。

ある。「進めば極楽、退けば地獄」の旗を掲げて各地で一揆を起こして、信長を苦しめたからだ。

10年におよぶ戦いは講和により幕を下ろしたが、これを指揮した顕如は僧侶とはいえ信長にとってもっとも手強い敵だったといえるだろう。

また、敵味方の区別なく往来できる立場にあった僧侶は、**敵に寝返りや降伏を促すための外交にも利用されていた**。

たとえば、さまざまな外交に携わったとして有名なのが**木食《もくじき》応《おう》其《ご》上人**だ。豊臣家と関係が深かったこの僧侶は、秀吉と島津氏の和睦交渉に尽力している。

関ヶ原の合戦の際にも、東軍の富田信高に講和を斡旋して降伏させ、同じく大津城を守る京極高次にも城に入って開場するよう交渉するなど、戦いを終結させるためにも動いたのだ。

59 スパイをしていた山伏がいた？

山伏といえば、日本の山岳信仰と深いつながりのある修験者のことである。彼らは山にこもって修行を積むことで霊力を持ったという。

しかし、戦国時代の山伏たちは信仰とはかけ離れた少々きな臭い役割を果たしていたようなのだ。

戦国大名の多くは、お抱えの**忍者集団**を持っていた。諜報活動だけでなく、伝令や敵のかく乱、奇襲、暗殺など、彼らの役割は多岐にわたった。

戦国時代の山伏たちの中には、野武士や僧兵、盗賊などと同様、忍者といわれるようになったものがいたのである。

山中で厳しい修行を積んでいた山伏の能力は、**山に分け入り、荒れ野を駆ける諜報活動をするのにうってつけだった**。

そして時には、大名が書いた書状を届けるという重要な役割を担うこともあった。

たとえば、関東地方を治めていた北条氏綱が越後（新潟県）の長尾為景に送った書簡の中に「山道が荒れて断絶しているので、出羽山伏にこの書を届けさせた」という記述も残っている。

道が整備されているとは言い難かった当時の山道も、山伏なら行き来することができた。氏綱の使いである出羽山伏も、**悪路を往復して書状を届ける**という役割をしっかりと果たして氏綱を感激させたという。

こうした山伏を含めた忍びの者たちの活動は、なかなか歴史の表舞台には出てこない。しかし、戦国時代も後半になってくると、戦いは武力だけではなく**情報戦**の様相を呈してくる。

闇に紛れた彼らの活躍が、人知れず大きな合戦の行方を左右していたというのも想像に難くないだろう。

山伏は山岳修行を行うため、人気のない山中にいても不自然に思われることがなかった。

60 合戦の勝敗を左右した忍者がいた？

三重県北西部の伊賀、そして滋賀県南部の甲賀はいずれも険しい山岳地帯に囲まれた土地で、古くから修験者が修行をする道場があるような場所だった。

のちに忍者、忍びの者と呼ばれることになる、**さまざまな特殊な能力を身につけた集団**が生まれるには最適な環境だったのだ。

彼らはすでに室町時代にも暗躍していて、戦国時代になるとあちこちの陣営で重宝されるようになる。

たとえば、秀吉による中国攻めの一環である岡山の冠山城攻めの際、城に忍び込んだ伊賀衆が火をつけて落城のきっかけをつくったという話がある。

また、それら忍者を束ねた頭領としてその名を知られているのが、〝鬼半蔵〟こと**服部半蔵**だ。

半蔵は本名を服部正成といい、伊賀の豪族だった服部家は半蔵の父の代から徳川家に仕えるようになった。

彼は姉川の戦いや三方ヶ原の戦いで戦果をあげ、本能寺の変の直後に家康が三河に引き上げた〝伊賀越え〟でも家康に付き添い、危険とされていたその道中で**家康の命を守っている**のだ。

その後、小牧・長久手の戦いでも忍者を率いて豊臣方を撃退した半蔵は徳川幕府創設に尽力し、徳川十六神将の１人として数えられるまでになった。

現在も東京に残る半蔵門の地名は彼の名前にちなんだものだ。

信長や秀吉、家康といった天下人の陰で忍者は人知れず動いていたのだ。

とはいえ、実際は忍者の活動は情報収集や情報操作といったスパイ活動が主で、映画や小説のような戦における活躍はそう多くはなかったという。

服部半蔵

61 素肌で戦った武士がいる？

戦国の世では、ふだんは農作業に勤しみ、領主から招集がかかると雑兵として武器を手に戦に駆けつけた半農半兵の人も多かった。

そんな人々は、兜や甲冑といった上級武士のような満足な装備をそろえておくことは難しかったはずだ。

ところが、武士のなかには重たい甲冑を身につけずにあえて身軽な装備を選んで身につけ、捨て身の覚悟で敵陣に斬り込んでいった**「素肌武者」**と呼ばれる強者もいた。

豊臣家と徳川家の二大権力の最後の決戦となった大坂夏の陣は、兵力に勝る徳川勢が終始、有利に戦いを進めた。豊臣勢は決死の突撃を繰り返すしかなかったのだ。

そんななかで、豊臣方の木村主計という武将がわずかな素肌武者を連れて徳川方を急襲したという逸話が残されている。

彼らが目指したのは時の将軍、徳川秀忠の本陣である。秀忠は父の家康とともに総大将として参戦していたのだ。

大将の首を取れば形勢が一気に逆転するのはいうまでもない。男たちは万にひとつのチャンスに賭けたのである。

甲冑を脱ぎ、文字通り〝素肌〟のような**動きやすい装備**で斬り込んだ武者たちは、いずれも命知らずの腕に覚えのある剣豪だったことだろう。

ところが、不運にも秀忠の本陣には最強の剣術といわれた柳生新陰流の**柳生宗矩**《むねのり》が居合わせていたのだ。

柳生新陰流は『新陰流兵法目録事』などにより現代にも伝えられている。

柳生新陰流を最強の流派に育て上げた宗矩は、秀忠に向かって「人を斬るとはこういうことでござる」と言い、鮮やかに斬り倒していった。その巧みな剣技によって次々と血煙が上がり、またたく間に多くの素肌武者が討ち取られてしまったという。

62 戦国時代の合戦場に医者がいた?

刀や槍、弓矢の矢じりなどで負ったいわゆる刀傷のことを金創という。その金創の治療をするのが**金創医**だ。

いざ戦ともなれば、負傷者は増える一方でしかない。そこで戦国時代には金創医の数も増え、今でいう軍医として戦地でさまざまな治療を行ったのである。

傷を負った兵に金創医は一時的な止血や縫合を行い、消毒薬の代わりに**もっぱら焼酎を使って傷口を洗っていた**。

戦国時代にはすでに広く飲まれていた焼酎は消毒薬として、また冬場や夜間には暖をとるために戦場には必需品だったのだ。

はねた敵の首や、命を落とした味方の首を保存するためにも焼酎は使われていたのである。

また、移動手段や物資を運ぶのに戦場に欠かせなかった馬も緊急時には治療に使われ

戦場で負傷した兵士を介抱する仲間たち。(関ヶ原合戦図屛風より)

たという話がある。

ところがそれは治療とは名ばかりで、出血が激しい場合には馬の血を飲ませたり、内出血した兵士の血を体から抜くために白い毛で覆われた葦毛の馬の糞を水に混ぜたものを飲ませる、というまるで**まじないのようなもの**だった。

それでも、戦場に立ち続けるために武将たちは医学的根拠のまるでないこの治療法に頼るしかなかったのだろう。

相次いだ戦によって金創医の治療法もしだいに進歩し、その技術は天下泰平の世となった江戸期にも伝えられた。

ちなみに、忠臣蔵でおなじみの浅野内匠頭の刃傷事件で吉良上野介の治療をした栗崎道有《どうう》は、金創医の系譜を引く医師だったという。

63 裏方の運搬係はやっぱり辛かった？

合戦で活躍したのは、前線で死闘を繰り広げていた武将や兵ばかりではない。何千、何万人という軍勢が出陣して合戦をするためには、大量の兵糧や炊事のための燃料、武器などを目的地まで運ぶ必要があるからだ。

短い行軍の場合は兵が各自で兵糧を持参するのが基本だったが、長い行軍になると**「小荷駄隊《こにだたい》」**と呼ばれる兵糧を運搬するための部隊が編成されることになる。

一見すると地味な後方支援の小荷駄隊だが、その任務は重要で、荷物を運ぶのは思いのほか大変だったようだ。

というのも、小荷駄隊は**敵からよく狙われる**ためである。

敵の狙いはもちろん兵糧だ。食糧が尽きてしまえば、飢えて困ることになる。場合によっては退却せざるを得なくなるので、兵糧を奪ってしまえというわけだ。

また、小荷駄隊は重い荷物を積んでいることから**進むスピードがほかの隊に比べて断**

戦場を進む荷役馬。（関ヶ原合戦図屏風より）

然遅い。軍勢の最後尾につくことも多いので、敵にとっても狙いやすいターゲットだったのである。

しかも、小荷駄隊のメンバーは、主に戦国大名が村から徴兵した**農民**だったようだ。荷物を載せた馬や牛をひいて歩き、兵や足軽らがそれを護衛する。

隊を指揮するのは小荷駄奉行と呼ばれる武士で、合戦ごとに熟練の武士が臨時で命じられることが多かったようだ。

しかし、何しろ農民らが主力の隊だけに狙われるとひとたまりもない。敵襲の気配があっただけでオロオロして隊が崩れてしまい、それを機に全軍が敗走したこともあったという。

64 合戦の勝敗は短期間で決まった？

戦国時代の合戦は、いったいどれくらいの期間で行われていたのだろうか。交通の手段が徒歩や馬に限られていた当時、出陣から帰陣までを考えればそれなりの期間を要したが、合戦そのものは意外と短期決戦が多かったようだ。

たとえば、天下分け目といわれる関ヶ原の合戦は、戦いの規模こそ大きかったが、決戦自体は半日で終わっている。

それも戦いの火蓋が切られたのは午前8時で、正午過ぎに形勢が東軍の有利になると、午後2時には死闘に決着がつく。わずか**6時間の戦い**だった。

また、豊臣秀吉が明智光秀を下して天下を取る足がかりとなった山崎の戦いは、**約2時間という短時間で豊臣軍が明智軍を完敗させている**。

織田信長が今川義元に奇襲をかけた桶狭間の戦いも、大将である義元の首が討ち取られると今川軍は戦意を喪失して完敗したが、これも2時間ほどの戦いだったという。

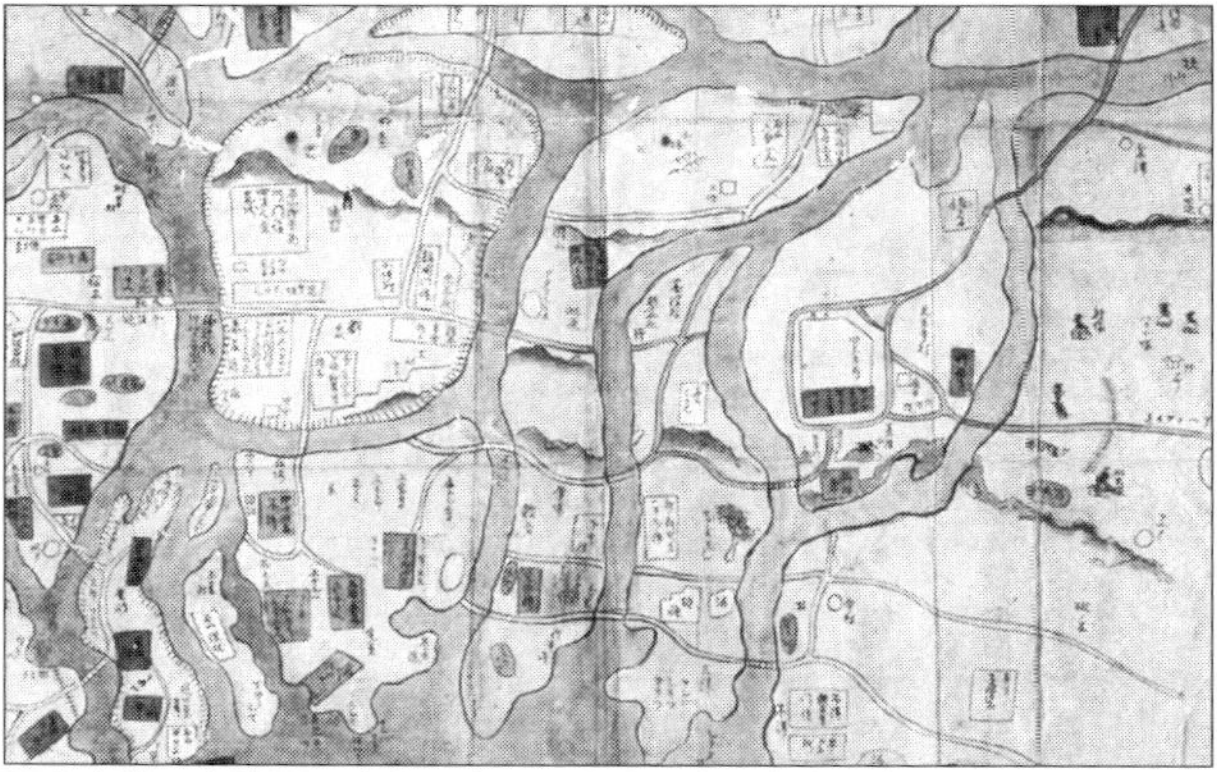

石山合戦の布陣図。左上の島に石山本願寺、右岸に信長の軍がある。入り組んだ川を利用して毛利軍が援助物資を届けるなどしたために長期化した。

このように戦国時代の合戦はわずか1日で決着がつくことがほとんどだったようだ。

とはいえ、なかには長期に及ぶ戦いもある。特に籠城戦の場合は、野外戦よりも時間がかかることが多かった。

秀吉が三木城の別所長治を攻めた戦いでは、なかなか落城せずに、「三木の干《ひ》殺《ごろ》し」といわれる兵糧を断つ戦法でようやく決着がつく。要した期間は**1年7ヵ月にもおよんでいる**。

また、信長が石山本願寺と戦った石山合戦は、決着までなんと**10年もの歳月を要している**。本願寺討伐への信長の執念がうかがえるというものだ。

65 陣中には出店がたくさんあった?

戦国時代の戦場といえば、戦火で荒廃して寂れた土地が頭に浮かんでしまうが、実際のところは少々様子が違うらしい。

戦場には敵味方合わせれば、何千、何万の兵士がいる。当然、そこには食料や武具などの軍需品から日用品まで、さまざまな物資が必要になる。つまり、**商人にとって、合戦は格好のビジネスチャンスだった**のである。

戦国時代の商人はその多くが店を構えない行商人だった。合戦があると聞けば、商人たちは戦場に駆けつけ、商売に精を出したのである。

大きな合戦ともなると、各軍の陣中には数多くの商人が出店を構えた。遊女や芸人なども集まり、そのにぎわいはさながら祭りを連想させるほどのものだったという。

大名たちにとっても、商人の確保は勝敗の行方を左右しかねない重要事項だった。陣内に食糧が不足したり、物資が滞ってしまったら兵士たちの士気が下がってしまう。

タバコや酒の店に群がる兵士たち。大坂冬の陣があった年の冬は特に寒気が厳しく、暖をとれるものが喜ばれた。

そのため、商人たちの通行料を免除したり、税を廃止したりして、**多くの商人たちを呼び寄せた**のである。さらに、相手方の商人に対して妨害工作を行うこともあったという。

また、日頃から商人を味方につけておくために、戦国時代の後期になると城下町で独占営業を行う特権組合だった「座」を廃止し、新興の商人たちも自由に商売ができる**「楽市楽座」制度**を敷いている。

各地の大名は、自分の城下町を発展させるために商人たちに便宜を図るようになり、その結果、商人の力が大きくなり、豪商と呼ばれる大商人が生まれたのだ。

66 武士たちはとても縁起をかついでいた？

戦場への出陣を前に、戦国の世の武将たちは徹底的に縁起をかつぎ、**神仏に必勝を祈った**。縁起をかつぐための数々の儀式は出陣前の欠かせない準備だったのである。

たとえば、戦の前に前祝として酒を飲むシーンはテレビドラマの時代劇などでもよく見られるが、実際はそこにも勝利のための複雑で細かい手順があったようだ。

酒とともに用意される肴は三種類で、それもふだんの酒宴に出されるそれとはまったく異なるアワビ、栗、そして昆布と必ず決まっていた。

これは、打ちアワビ（敵を討つ）、勝ち栗（敵に勝つ）、そして昆布（喜ぶ）というゴロ合わせからきたものだ。

そして、それらを順番に口にし、その合間に酒を飲むのだ。**「三献の盃」**とか「三献の儀」と呼ばれる儀式で、酒の注ぎ役の衣装や注ぎ方まで決められていたというから驚かされる。

桶狭間出陣前に熱田神宮で戦勝祈願をする信長。（『絵本太閤記』より）

　ちなみに、神仏を信じなかったあの織田信長でさえ、捨て身で挑んだ桶狭間の戦いの前には、この三献の儀を執り行っていたという話があるほどだ。

　出陣式の間、武将は床几《しょうぎ》と呼ばれる折り畳み式の腰掛けにどっしりと座る。

　どれだけ戦の準備が忙しいからといって、立ちながら酒を飲んだり食事をとったりすることは縁起の悪い行いとされ、戦の前ではご法度だった。

　また、変わったところでは**「敵を呑む」**という意味を込めて梅干しを種ごと丸のみしたり、出陣式で使う箸は絶対に折れることがないよう太いものを用いたりと、じつにさまざまな縁起かつぎが行われていたという。

67 敵の生首を使った「首占い」があった？

戦国時代の合戦の勝敗を決定づけるものであり、自分の手柄を証明するものといえば、討ち取った敵の首だった。そして勝者は合戦後、その首を検分する**首実検**をするならわしがあった。

検分するのは大将や軍師といった上役で、一般の兵にとってはこれが自身の価値を高めることにもなる、大事な査定の場ともいえたのだ。

とはいえ、ただ首をチェックするだけではない。そこには儀式的な意味合いを含む、いくつかの約束事があった。

まず、査定という意味でもっとも高く評価されたのが、最初に討ち取った「一番首」である。

これは敵将のそれよりも価値が高いとされ、武士にとっては何よりの名誉だった。逆に、その他の雑兵の首はモノの数にはならず、評価されないケースがほとんどだった。

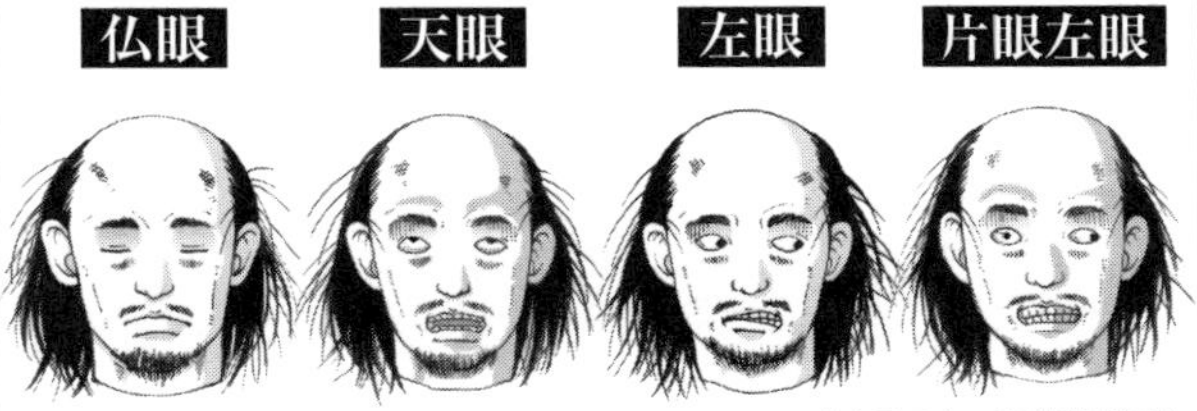

（イラスト：宮崎絵美子）

また興味深いのは、**首の〝顔相〟で吉凶を占っていた**という点だ。

たとえば、両目をつぶっているものは「仏眼」とされ、穏やかな首ということになるが、両目が上を向いた「天眼」や、左の方をにらんでいる「左眼」などはおおむね嫌われた。

特に片目が左方向をにらみ、なおかつ歯を食いしばっているものは「片眼左眼」と呼ばれ、もっとも不吉な相だったという。

平安時代に乱を起こし、晒《さら》し首が恨みを抱いて飛んだという平将門の伝説もあるように、首は始末を間違えば祟りを招くわざわいの元でもある。

そのため、首実検を行う時は全員甲冑を装着し、首が飛びかかってくる場合にそなえ、**刀を携えて臨むのがお決まりだった**。

そして、不吉な相の首には経があげられ、丁寧に供養されたのである。

68 合戦のためにご神木が切られたことがある？

合戦の勝敗を握る重要な物資のひとつとして、戦国大名たちが苦労して入手しようとしたのが木である。なぜなら、戦国時代には意外なほどに大量の木材が消費されていたからだ。

城や配下の者が住む陣屋を造るのにはもちろんのこと、**戦地での軍事用の資材としても木材は欠かせないものだった**。

戦地で陣を敷く時には、周囲にぐるりと防御柵を張り巡らせるが、これも木や竹で作る。陣地で夜通し焚く篝火《かがりび》や、何千人という兵士の炊事のためにも木が必要であり、槍や旗の柄の部分も木や竹でできている。

このため、戦国大名は領地や陣地の周囲で盛んに森林伐採をしていたのである。

しかし、山林の木々をむやみに切りすぎてもハゲ山となり再生に時間がかかる。しかも、山の保水力がなくなって水害を起こすこともある。そんな理由もあって、戦国大名たちは植樹をしたり、伐採しすぎないように注意を払いながら木材を調達していたのだ。

とはいえ、それでも山林の樹木が尽きてしまったらどうしていたのか。

あろうことか、**山林の次には寺社の境内の樹木を伐採していた**という。

たとえば、豊臣秀吉が小田原の北条氏を攻めた際には、その周辺の三島神社の境内の木々が大木を含めて伐採されたという記録が残っている。これは豊臣軍が陣を敷くために、木材を現地調達したものと考えられる。

なにしろ秀吉の本陣は天守閣はもちろん、武器庫や食糧庫を兼ねた櫓や茶室まである立派な城だった。築城のために大量の資材を投じたであろうことは容易に想像できる。

樹木のなかには長年信仰されたご神木もあったかもしれない。

日頃は信心深い武将でも、合戦にあたっては寺社の樹木の伐採すらいとわなかったのだ。

静岡県三島市にある三嶋大社。「三島神社」と名のつく神社は全国に存在するが、その多くがこの三嶋大社から分霊されたものと伝えられている。

69 戦国時代にもクリスマス休戦があった？

第一次世界大戦の最中の1914年、対峙するイギリス軍とドイツ軍は非公式ながらクリスマスを祝うために戦闘を一時中断した。いわゆる**クリスマス休戦**である。ベトナム戦争の時にもあったというこのクリスマス休戦は、キリスト教徒の多い欧米人ならではの文化のようにも思える。

ところが、すでにキリスト教の布教が始まっていた戦国時代の日本でも、クリスマスのために刀を鞘に収めた武士たちがいたという話が残っているのだ。

そのエピソードは、織田信長とも親交が深かったポルトガル人宣教師ルイス・フロイスが日本の文化や風習を詳しく記した『日本史』に描かれている。

1566（永禄9）年、松永久秀と三好三人衆（三好長逸《ながやす》、三好政康《まさやす》、岩成友通《ともみち》）は覇権争いの真っただ中にあり、堺の町にも両軍の軍勢が集結していた。

ところが、**どちらの軍にも多数のキリシタンがいた**ため、彼らはクリスマスになると

日本風の教会でのミサの様子（南蛮人渡来図屏風より）

町中の集会場を借りてミサを行ったというのである。ザビエルが来日してから15年でかなりの信者を獲得していたのだ。

フロイスによると、集まった男たちは両軍合わせて70人を数え、彼らは祝いのための料理を持ち寄り、**敵味方なく説教を聞き神聖なミサを執り行った**という。

両軍ともに位の高い武将に熱心なキリシタンがいなければ、このクリスマス休戦は実現しなかっただろう。

とはいえ、クリスマスが終われば彼らは再びにらみ合ったのはいうまでもない。生死をかけた戦はどこの国でも同じだったのだ。

70 ザビエルの目的は布教ではなく侵略だった?

日本に初めてキリスト教を伝えた人物として知られるのが、フランシスコ・ザビエルだ。カトリックの司祭である彼が来日した目的は、キリスト教の布教だったとされている。

ところが、一説によればその**本当の目的は侵略**だったともいわれているのをご存じだろうか。

なぜなら、ザビエルはポルトガル王ジョアン3世の依頼を受けて日本に来ているからだ。しかも、ザビエルはイエズス会という修道会の創設者の1人でもある。

このイエズス会は別名**「イエスの軍隊」**といわれるほど、キリスト教の布教のためなら手段をいとわなかったという。

ここに目をつけたのがポルトガル王だ。イエズス会の布教活動を、アジア諸国を**植民地化**する礎にできないかと目論んだのだ。

実際に、ポルトガルは植民地経営の一環としてすでにインドで布教活動をしていて、

町を歩くイエズス会の宣教師（左）。イエズス会のほかにもフランシスコ会、ドミニコ会などの托鉢修道会の宣教師もいた。

ザビエルもインド経由で来日している。

また、ザビエルはポルトガル王に日本についてリサーチした手紙を送ったり、ポルトガル王も布教を認めない大名とは交易しないなど、布教の先に植民地化を考えた行動をとっている。

だが、結局、ポルトガルが日本を植民地化することはなかった。ザビエルは戦国時代の日本を知るにつれ、**独自の思想と文化を持つ日本を植民地化するのは難しいと感じた**ようで、約2年で日本を離れている。

その読みどおり、のちに秀吉のバテレン追放令や徳川幕府のキリスト教禁止令が出され、日本でのキリスト教の布教はできなくなった。日本は植民地化を免れたのである。

71 「戦国のゲルニカ」と呼ばれる絵がある？

「ゲルニカ」は、あのパブロ・ピカソが祖国スペインのゲルニカという町への空爆を描いた絵画である。

苦しみ泣き叫ぶ人々や動物が画面いっぱいに描かれた大作だが、じつは日本にも「戦国のゲルニカ」の異名を持つ絵が存在する。**大坂夏の陣図屏風**がそれだ。

大坂夏の陣は、関ヶ原の合戦で絶大な権力を手中にした徳川家康が、すでに一大名に過ぎなかった豊臣秀頼の息の根を止めた戦いである。

その前年の大坂冬の陣では、講和により秀頼の居城である大坂城は二の丸、三の丸が埋められて裸同然となっていた。

そこに徳川15万の軍勢が攻め込んできたのだから、5万の兵しか持たない豊臣軍はひとたまりもない。奮戦もむなしく、大坂城は炎上。秀頼は母の淀殿と自害し、豊臣氏は滅亡した。

大坂夏の陣図屏風は、この戦いの様子をきわめて克明に描いたものだ。描かれた人や旗の数は５０００点以上にのぼり、合戦図屏風ではもっとも多いとされる。画面の真ん中には大坂城が配され、その右に合戦中の両軍の様子、左に落城後の淀川流域の大混乱の様子が描かれている。

特に左側の落城の風景は、合戦図としては異例なほどに**リアルな描写**だ。橋は無残にも焼け落ち、淀川をわたって必死に逃げようとする敗残兵や民衆たちを徳川軍の兵が執拗に追いかけている。

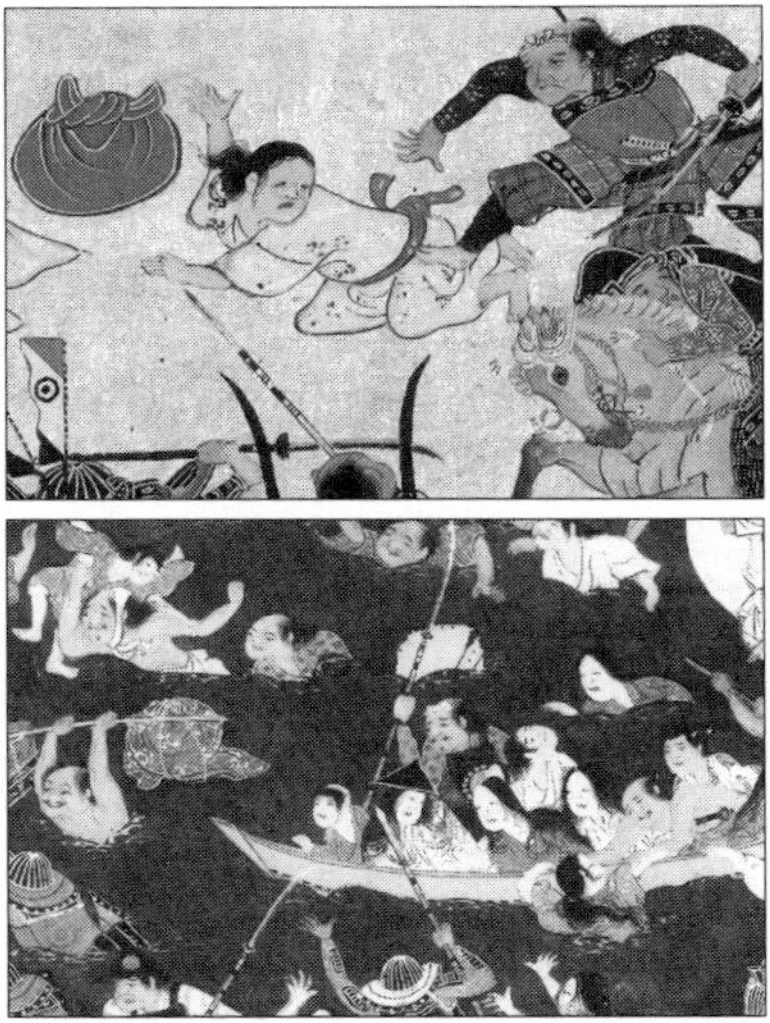

大坂夏の陣は市街戦だったため、多くの民衆が戦禍に巻き込まれた。

若い娘が無理やり拉致されたり、便乗した野盗に襲われる**民衆の惨状**もじつになまなましく描かれていて、ゲルニカと同じく戦いの悲劇を今に伝えている。

72 戦国時代の水軍はじつは海賊だった？

戦国時代の合戦と聞けば、馬に乗った武将の陸上戦を思い起こす人も多いだろう。しかし、海に囲まれた島国の日本では海上での合戦が行われることもたびたびあった。

そんな海上戦で大活躍したのが、いわゆる水軍である。

厳島の戦いで毛利軍について大活躍した**村上水軍**や、織田信長の水軍として知られる**九鬼水軍**などが有名だ。

だが、水軍といえば聞こえはいいが、その実態は海賊だったといわれる。

そもそも瀬戸内や熊野といった西日本沿岸では古くから多くの海賊が出没し、船や近隣の村などを襲ったりしていた。

そうした海賊衆がやがて各地の漁民や船頭などを支配するようになり、強力な海上武力集団として組織化されていったのだ。

彼らは支配する海域を通る船から通航税を取り、拒否すれば物品を奪い取ったりした

村上水軍が根城にしていた能島（中央左）。周囲には激しい潮流があるため、容易には近づけない天然の要塞となっていた。

という。いわば、**海を領地とした領主のような存在**だったともいえる。

いずれにしろ、そのうち陸の大名らも彼らの存在を無視できなくなっていき、海上支配権を容認して、海上における軍事力の一部として水軍を重用するようになったのである。

その点からすると、海賊とはいえ、むやみやたらに船を襲撃する違法な盗賊とは性質が異なっていたようだ。

水軍は実際の海上戦のほかにも、兵糧や兵器の輸送、海上封鎖などに活躍したが、安土桃山時代以降は各大名の家臣団に組み込まれ、やがては姿を消していった。

73 海を渡ったグローバルな傭兵がいた？

戦国時代には戦国大名のもとに傭兵として雇われた浪人や農民がいたが、彼らの中には海を渡ってグローバルな活躍をした人々もいる。

彼らはオランダなどに金で雇われて、西欧諸国が東南アジアを支配するための戦闘などに投入されていたのである。

日本人の傭兵は安い賃金で雇え、また戦国時代の相次ぐ合戦を実際に経験しているということも魅力だったようだ。

ただ、傭兵といえば聞こえはいいが、その大半はかなり低賃金の奴隷のような兵だったらしい。

しかし、なかには**山田長政**のように渡航先で出世し、国政にまで携わった人物もいる。

長政はもともと沼津の城主である大久保忠佐《ただすけ》のもとで駕籠かきをしていたようだが、渡航前の経歴については不明な部分が多い。いずれにしろ、朱印船に乗って長崎から当

当時、タイの王室藝術院技師だった三木栄氏が奉納した扁額には、ゾウに乗った日本義勇軍が描かれている。

時シャムと呼ばれた**タイへと渡っている。**

シャムの首都アユタヤには日本人町があり、そこで城井久右衛門が率いる日本人傭兵隊に加わったのである。

久右衛門はすでに300人以上の日本人傭兵を率いてシャム国王の親衛隊をしていて、その信任も厚かったという。

そして、そのあとを引き継いで日本人町の頭領となったのが長政だ。

彼もまたシャム国王のもとで軍功をあげ、のちにはシャムの国政にも携わって、**シャムにおける最高位を任じられるまで出世した**のだ。

こうした日本人傭兵の渡航は、江戸時代に入って2代将軍徳川秀忠が海外への人身売買停止令を出すまで続いたのである。

74 16歳で水軍を率いた少女がいた？

愛媛県今治市に属する大三島《おおみしま》では毎年、三島水軍鶴姫まつりが開かれ大勢の観光客でにぎわう。

この祭りの主役が、わずか16歳で三島水軍を率いて戦った少女、**鶴姫**である。

大三島にある大山祇《おおやまつみ》神社は三島大明神とも呼ばれ、古くから瀬戸内の海に暮らす人々の守り神とされてきた。その神社の**大宮司の娘**として生まれたのが鶴姫だった。

武装した軍船が海を行き交う戦国時代にあって、鶴姫の一族も三島水軍の一員として戦っていた。彼女も幼い頃から武芸を叩き込まれ、女に生まれたことを父から惜しまれるほどの**怪力の持ち主**でもあったという。

そんな彼女の力は、思わぬところで試されることになる。

それは中国、そして九州地方を支配した大名の大内氏の大船団が大三島に襲いかかってきたときのことだ。

三島水軍を指揮して戦った兄の討ち死にを知ったわずか16歳の鶴姫は、怒りのあまり大薙刀《なぎなた》を手についに敵に立ち向かう。そんな少女の奮闘に味方の士気も高まり、三島水軍は見事に敵を追い払ったのである。

そのとき鶴姫は、戦場でみずから三島明神の生まれ変わりだと叫び敵を退けたという。

その後も活躍を見せた鶴姫だったが、戦の最中に最愛の人を失い、最期は1人海に身を投げたと伝わる。

今でも大山祇神社には、胸部が膨らみ腰部が細くくびれた女性用の鎧が残っている。

悲劇の生涯からいつしか**「瀬戸内のジャンヌダルク」**と呼ばれるようになった鶴姫は、この鎧を身にまとい瀬戸内の海で戦っていたといわれ、今も瀬戸内の人々に愛されている。

鶴姫公園には鶴姫の像が建てられている。

75 戦国武将たちは合戦を避ける方法として人質を使った？

合戦にばかり明け暮れていたように思える戦国時代だが、いざ合戦になれば敵だけでなく味方の被害も甚大になる。

そのため、戦国武将たちもまずは戦わずして勝つための知恵を絞っていた。

同盟関係を築くのは、その代表的な例だ。

近隣諸国と軍事同盟を結んで敵国を牽制したり、お互いの領地を侵略しないように約束したりすることで、戦わずに自国の勢力を拡大し安定させたのである。

とはいえ、さまざまな思惑が渦巻く戦国乱世の時代のことだ。同盟といっても口約束のようなもので、裏切りは当たり前だった。情勢が変化すると、一方的に同盟が破棄されるのも驚くようなことではなかった。

そこで、同盟をより強固にするために利用されたのが、娘を相手の国に嫁がせる**政略結婚**だ。有名なのは、甲斐（山梨県）の武田氏、相模（神奈川県）の北条氏、駿河（静岡県中部）の今川氏が組んだ「甲相駿三国同盟」で、各家の嫡男にそれぞれの家の姫を嫁がせた。

息子を人質として差し出すといった方法もあった。もし裏切りがあった時には人質は処刑されてしまうから、親子の情を利用した忠義の証ともいえるだろう。

なかでも後継者である長男は利用価値が高いとされた。天下を取った**徳川家康**もそうして人質に差し出された1人である。

子供時代の徳川家康像

家康は、まず織田信秀、ついで今川義元のもとで人質となり、人質生活は6歳から19歳までという長い期間に及んだ。

そんな家康も、のちに次男・秀康を秀吉の養子に出し、孫の千姫を秀吉の息子の秀頼に嫁がせるなどして**人質外交**を巧みに使っている。

そうやって戦わずして好機の到来を待ち、ここぞという時に合戦をしかけたのである。

76 戦国時代は出世しやすかった？

下克上という言葉が示すとおり、戦国時代は身分の低い者でも、実力さえあれば身分の高い者に打ち勝って出世するのも夢ではなかった。

なかでももっとも有名な出世頭といえば、あの**豊臣秀吉**だろう。

農民の家に生まれ、信長の小人から始めて小人頭、足軽、足軽頭、足軽大将と出世し、やがては大名となって天下を取ったのは驚きの出世物語である。

また、美濃（岐阜県）のマムシと恐れられた**斎藤道三**も代表的な下克上の戦国大名のひとりだ。

そんな道三の出自には謎が多いが、一説によると、幼い頃は仏門に入れられていたという。還俗したあとに油商人になるが、才能を見込まれて武士の道を志す。そして、美濃の土岐氏に仕えるが、主君である土岐《とき》頼芸《よりのり》を追放するなどして大名の地位を手に入れている。

姉川の合戦を描いた絵画。この戦いで敵の首を取った藤堂高虎は織田軍の一員となった。

一方、仕える主君を8度も変えながら出世していったのが**藤堂高虎**だ。

最初は浅井長政の足軽として仕えた高虎だったが、長政が織田信長に敗れると仕官先を変えながら流浪する。

まもなく信長の甥の織田信澄に仕え、次には豊臣秀吉の弟である羽柴秀長とその息子の秀俊、のちに秀吉に仕えた。

最後は徳川家の重臣となり、献身的に忠義を尽くして家康からの信頼も絶大なものだった。徳川家では3代将軍家光まで仕えて、その生涯を終えている。

今でいえば、たび重なる転職の末に大企業の重役にのぼりつめたようなもので、異例の出世コースだといえるだろう。

77 味方の前でも気を抜けなかった?

裏切りや寝返りが日常茶飯事だった戦国時代では、武将たちは味方や身内の前でもなかなか気を抜けなかったようだ。

戦国時代の武士が主君に忠義を尽くしていたかというと、そうでもないからだ。

たとえば、斎藤道三は主君である土岐頼芸《ときよりのり》を追放して美濃一国を奪い取ったが、老いてからはみずからも**長男の義龍《よしたつ》に反旗をひるがえされている**。

この義龍は道三の長男といっても実の父は頼芸だという説もある。義龍の実母は頼芸の側室で、道三に下げ渡されたあとに義龍が生まれたからだ。

いずれにしろ、長男との長良川の戦いで敗れた道三は、長男の家臣に首をはねられ、鼻まで削がれて河原に首をさらされたという。

若き日の武田信玄も、父の信虎が今川氏に嫁いだ娘に会いに行った隙に国境を封鎖し、信虎の帰国を阻んで武田氏の当主の座を奪っている。

また、稀代の名軍師として知られる竹中半兵衛は、主君の斎藤龍興《たつおき》が酒色に溺れて半兵衛を疎んじたため、龍興の居城の稲葉山城をわずか16人の手勢で**1日のうちに乗っ取っている。**

しかし、半兵衛がほかの武将と違うのは、主君を想ってのクーデターだったことだ。

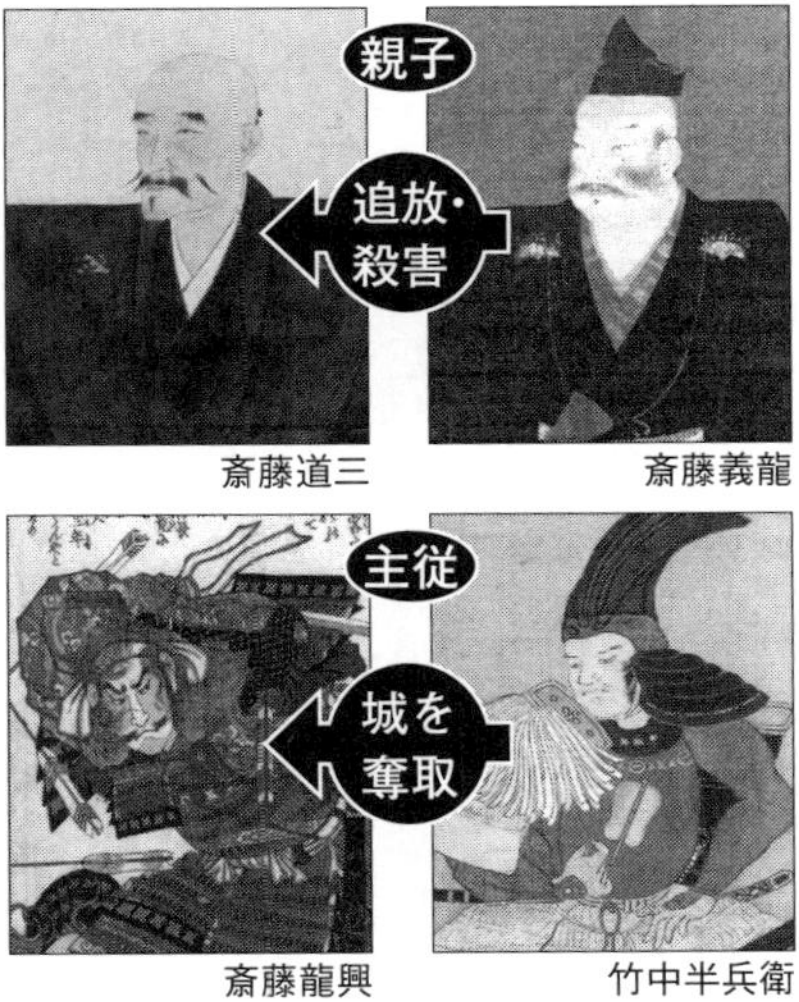

このあと織田信長から稲葉山城を譲り渡せと言われても半兵衛はこの要求を飲まず、半年後には龍興に城を返還している。半兵衛は城を奪うことで龍興に城主としてもっと危機感を持ってほしかったのである。

なかには山中鹿介のように、主家の尼子氏再興のために「我に七難八苦を与えたまえ」と祈り、人生を主家再興に捧げた忠義の武将もいるが、**戦国乱世では主君を討つ場合も多かったのだ。**

78 影武者を使っていた武将が数多くいた?

いつ、誰に命を狙われるとも限らない戦国乱世で、武将たちは自分の身を守るためにさまざまな努力をしていた。

そのひとつが影武者を立てていた。

影武者を立てるとは、自分によく似た顔立ちや背格好の人物を替え玉として使うことだ。影法師ともいい、周囲には気づかれないように本人になりすまし、必要とあれば合戦の場でも活躍していたようである。

だが、影武者を立てることは**最重要機密**だといえる。誰が影武者なのかがばれてしまえば、影武者の意味がないからだ。そのため、影武者についての詳しい資料はほとんど残っておらず、その実態の多くは謎のベールに包まれたままだ。

とはいえ、影武者を使っていたことが記録に残っている武将もいる。有名なのは、あの**武田信玄**だ。信玄は自分の死に際して「3年間、自分の死を隠せ」と家臣に命じている。

川中島の戦いで、上杉謙信が武田信玄の陣中に突撃したところ。本物を取り囲むように５人の影武者がいる。（謙信武田ノ旗本へ乱入之図）

そして、そのために「自分と骨相のよく似た弟の信廉《のぶかど》を影武者に立てて甲府城に向かわせるように」と遺言しているのである。

実際に、信廉は体格から顔、声まで信玄とよく似ていて、**側近でさえ見分けるのが難しかった**と伝えられる。

このため、川中島の合戦で上杉謙信と戦った武田信玄も、じつは信廉だったのではないかといわれるくらいだ。

ほかにも、徳川家康や上杉謙信、真田幸村など数多くの戦国武将が万一の事態に備えて影武者を立てていたようだ。

79 織田・豊臣・徳川の三家に嫁いだ女性がいた？

政略結婚が当然のように行われていた戦国の世とはいえ、**江姫**《ごう》ほど数奇な人生を生きた女性がほかにいただろうか。

江は、近江（滋賀県）の戦国大名だった浅井長政の娘で、母譲りの美しさで知られた浅井三姉妹の末娘として生まれている。

母のお市の方は織田信長の妹で、そもそも母の婚姻も織田家と浅井家が同盟を結ぶためのものだった。

ところが、実の父である長政は信長と、さらに母の再婚により義父となった柴田勝家は秀吉と対立、ともに自害に追い込まれてしまう。

さらに、母のお市までも勝家とともに自害して果てている。

両親を失くした三姉妹は秀吉に引き取られ、長女の茶々は秀吉の側室になった。江はわずか12歳にして織田家傘下の武将に、そして離縁後は秀吉の養子である**豊臣秀勝**に嫁がされる。

いずれもみずからの権勢をゆるぎないものにしようとした秀吉の企みによるものだったが、織田、豊臣と**嫁ぎ先がともに亡き父たちの仇だった**ことは、江の身をどれほど苦しめたかしれない。

しかし、二度目の結婚生活も長くは続かず、夫の秀勝は秀吉の朝鮮出兵に参戦中に病死してしまった。

江

その数年後、江は徳川家康の三男で次代の将軍候補となる**秀忠**に嫁ぐことになる。今回も政略結婚だったのは明らかで、これにより豊臣と徳川が婚姻関係を結んだのである。

恐妻家だったという秀忠との間に7人の子をもうけ、3代将軍家光の母ともなった江は、晩年はようやく穏やかな日々を過ごし、江戸城で54年の生涯を終えた。

そして、波乱の人生を生きたお市とその3人の娘は戦国時代の代名詞となった。

80 籠城戦で勝ったことがあるのか？

城にこもって敵が撤退するのを待つという籠城戦は、戦とはいえ消極的な印象がある。城の外にいる敵は、いくらでも兵糧を補充することができ、かなりの長期戦に耐えることができそうなものだからだ。

だが、戦国時代の日本の城はいわゆる軍事拠点である。山の頂上や湿地の中など敵が侵入しにくい場所に建てられているのはもちろん、深い濠や土を盛った土塁などの障害物がいくつもある。

そのため、このような城を突破して落城させるには、**直接軍同士が激突する戦の何倍もの兵力が必要になる**という。

しかも、城内は食料や武器などの物資や軍資金などの集積場所でもある。計画的に籠城すれば、敵を引き下がらせることも可能なのである。

そんな籠城戦で名声を轟かせた大名もいる。**毛利元就**である。

中国地方の有力大名の１人だった毛利元就は、１５４０（天文９）年に毛利家代々の居城である吉田郡山《こおりやま》城で一大勢力の尼子軍を迎え撃っている。

尼子一族が総出で編成した軍３万に対し、毛利勢は８０００で、しかもその大半が領内の農民だ。

吉田郡山城は江戸時代になって取り壊されたが、現在は碑石などが設置されている。

だが、元就は事前に大量の兵糧を城に蓄え、粘り強く籠城戦を続けたのである。

また、時には城を出て尼子軍に兵糧を補給しに来た部隊を奇襲攻撃したり、精鋭部隊を城外に放って尼子軍を急襲するなどの**ゲリラ戦**も展開した。

さらに、援軍の大内軍の加勢もあって尼子軍は総崩れになるのだ。

こうして吉田郡山城を攻め続けることを断念した尼子晴久は、夜闇に紛れて命からがら本拠地である出雲に撤退したのである。

81 武将は城に住んでいなかった？

戦国時代の武将の住居といえば、天守閣がそびえる巨大な城が思い浮かぶ。だが、戦国時代前半の頃までは、城に住んでいたわけではなかったのだ。

じつは、城はもともと粗末な掘っ立て小屋のようなもので、あくまでも**合戦中に臨時に避難できる防御施設**として使われていた。建設場所も、険しい山頂に建てられているものが多かったのだ。

たとえば、**山城**と呼ばれる山頂の城は、当然交通の便も悪く居住には向かなかった。大名たちは、城のある山の麓に主殿造りや寝殿造りと呼ばれる**武家屋敷を建てて暮らしていた**のである。

上級武士たちが暮らす武家屋敷の中はプライベートなスペースや、接客のためのスペースに分かれていて、かなり贅沢に造られていた。

一方で、下級武士たちは屋敷のそばに造られた長屋に住むことが多かった。質素な造

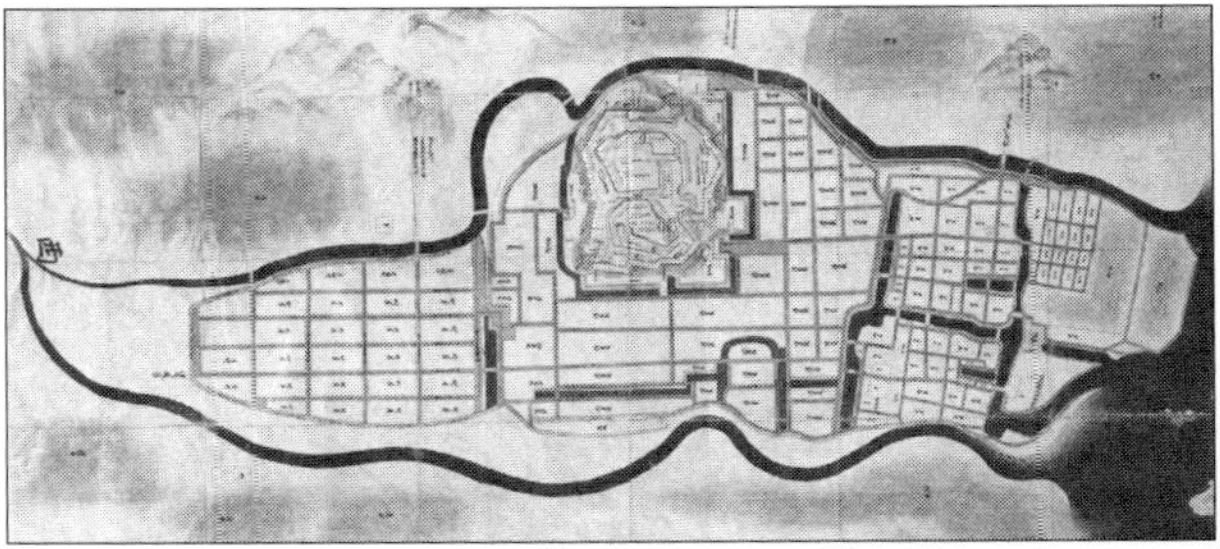

高知城の絵図。中心となる城を守るようにして「侍屋敷」と書かれたブロックが並んでいた。

りで、土間に藁《わら》を敷いて床にした部屋もあったという。

実際に武将たちが城に住むようになったのは、戦国時代も後半に入り織田信長が**安土城**を建設してからだという。信長は、実際に住むことを目的として安土城を建設したのだ。

その後、築城技術も徐々に発展し、城は居住と防衛機能を兼ね備えた巨大な建築物になっていった。

その結果、武将たちは自分や家族だけではなく、家臣たちの住居もその城壁の中に置くことができるようになったのだ。

さらに、城が建てられる場所もなだらかな丘陵地や、平地へと変化していった。交通の便が良い場所を建設地に選ぶことで商人や農民たちが城を中心に暮らすようになり、城下町として発展することになったのである。

五章 合戦場のルール

82 戦場での兵士はどんな格好をしていた？

戦国時代の兵士と聞くと、思い浮かべるのはやはり鎧姿だろう。

武士が身につける強固な鎧は、今では甲冑として広く知られているが、正しくは**「当世具足」**である。

「具足」は鎧や兜のことで、「当世」は現代を意味する。つまり、当世具足は**戦国時代の最新甲冑を表す**のだ。

しかし、戦いに出る者すべてが同じ具足をまとうわけではない。やはり、階級で身につけるものは変わってくる。

もっとも頑丈な装備が許されるのは総大将である。混乱する戦場でもひと目でわかる兜をかぶり、分厚い胴丸や頬当、籠手《こて》などを装着する。

実際に合戦の指揮をとる侍大将も基本的には同じだが、こちらはやはり目立つように陣羽織をまとっていた。

陣羽織は、甲冑の上から着用する羽織のことで、防寒・防雨といった実用性と、大将の威厳を重視してデザインされていた。一般の武士も頑丈さやデザインには差があったものの、羽織以外の構成は同じだ。

明らかに違うのは足軽である。足軽は弓や槍、鉄砲などで攻撃をしかける実戦部隊だが、胴丸こそつけるものの、兜をかぶることは許されず、頭部は三角の陣笠で守るのが一般的だった。

戦国時代の戦場での姿を再現したもの。左が大将級の装備で、右が足軽。(1875年撮影)(写真：Roger-Viollet)

いずれにせよ、騎馬から徒歩での戦いが増えた戦国時代では、動きやすさを重視し、見た目のいかつさに反して**軽量化が進んだ**。

ちなみに、伊勢エビなどの甲殻類を殻付きのまま煮込んだ料理を「具足煮」というが、これは殻が甲冑に似ていることからついた名である。

83 兵士が着ていた鎧は何キロある？

鎧を赤一色に塗った真田幸村の〝赤備え〟や兜に大きな「愛」の字を掲げた直江兼続など、戦国武将たちは個性豊かな鎧を身につけていた。

しかし、気になるのはその重さである。

室町時代の後期から用いられた鎧は当世具足と呼ばれるもので、それまでの大鎧からはぐんと軽量化が図られた。それでも**30キログラム**はあったという。

現代にあるものと比べるなら、激しいぶつかり合いも辞さないアイスホッケーで選手が身につけるヘルメットや体を守るプロテクター、脛当《すねあ》てなどすべてをあわせても10キログラムほどにしかならない。

いくら身を守るためとはいえ、戦場で敵と斬り合うには30キロの鎧は少々重すぎはしなかったのだろうか。

そんな戦国時代に生まれて広まったのが、戦場で甲冑をまとった際に用いる**介者剣術**

と呼ばれる剣技だった。

身を低く構え、腰を落としてじりじりと動く独特のスタイルで、首や脇、股など甲冑の継ぎ目を狙って斬りつける。

腰を落とす構えは、防御が上半身に集まりがちだった鎧にあって下半身の守りをカバーするものでもあった。

重い鎧を身につけたところ。（1860年頃撮影）

また、下半身といえば足元を草履《ぞうり》で固めるのは戦国時代になってからで、それ以前も、鎧もさらに重かった頃は素足で戦に臨む者が多かったというから驚かされる。

ちなみに、信長の草履をふところで温めた逸話で知られる秀吉は、戦では常に予備の草履を身につけていたという。

84 なぜ戦国武将は派手な兜をかぶったのか？

戦国武将といえば、兜に甲冑というのがお決まりのスタイルである。

なかでも兜には個性が反映されるのか、動物をモチーフにしたものや文字を入れ込んだものなど、変わったデザインのものが多く残されている。

たとえば、大きな三日月の前立てをつけた伊達政宗の兜などは、ドラマの影響もあって今やもっとも有名な兜のうちのひとつだ。

また、当時はヤク（ウシ科の動物）の毛を髪の毛のようにあしらうのも流行だった。武田信玄が着用していたといわれる「諏訪《すわ》法性《ほうしょう》兜《のかぶと》」などがそれである。

ところで、兜はなぜこんなにも派手で凝ったものが多いのか。そこにはいくつか理由がある。

まず実戦的なところでは、**目立つことで自分の存在をわからせる**意味がある。

大規模な合戦となると、敵味方入り乱れて戦うことになり、誰が誰だか判別がつかな

大鹿の角を立てた兜をかぶり、大坂夏の陣で奮戦する本多忠朝（中央）。この兜をかぶっていれば、他人と間違われることもなかっただろう。（大坂夏の陣図屏風より）

くなる。そこで、大将クラス以上は個性的な兜を着用することで、味方の誤認による攻撃を避けるようにするのだ。

また、**自分の活躍ぶりをアピールする**という意味も含まれている。

戦いの場は出世の足がかりでもある。自分の手柄を主君に見せつけて評価をもらうには、戦場でも一目でわかる姿でいなければならない。

こうした理由から兜はド派手なデザインが好まれるようになったのだ。

ただ、なかには戦場でわざわざ地味な兜に着替える武将もいたという。目立つことを優先するか、命を守ることを優先するかは、その人の性格によりさまざまだったのかもしれない。

85 合戦場ではどうやって敵味方を見分けた？

群雄割拠の戦国の世では、時には数万人もの兵が入り乱れて戦をすることもあったが、困ったことに身につけている甲冑や刀などでは、敵も味方も見た目ではそう大差はなかった。

そんな時に、どうやって味方の軍と敵軍を見分けたのだろうか。

まず、敵味方の識別に使われたのが**家紋**で、さまざまな種類があった旗に大きく描かれて目印となった。

旗といえば兵が鎧の背中に指す**指物**《さしもの》や、**本陣**で大将が乗る馬のそばに立てられた馬印などがおなじみのものだ。

なかでも独特な馬印で有名なものといえば、何といっても豊臣秀吉が使った千成瓢箪だろう。

ちなみに、こうした馬印や家紋などは主君から許しを得て初めて使えるもので、秀吉も稲葉山城攻めの活躍を信長に認められてひょうたんをみずからのトレードマークに使うことを許されている。まだ木下藤吉郎を名乗っていた頃の話である。

伊達政宗の家臣・片倉小十郎の城だった白石城を取り巻く旗の数々。これだけ多くの旗があっても、誰がそこにいるかがわかるのが旗の利点だ。（片倉家屛風絵より）

この戦いでは信長が敵方の旗を偽造して相手を油断させたとも伝わる。

また、あらかじめ味方同士で**合言葉**を決めることもよく行われた。たとえば大坂夏の陣では、徳川勢は「旗」、豊臣勢は「山」を合言葉にしていたという。

そうはいっても、一度戦が始まってしまえば、混乱の中で旗と合言葉だけで見分けるのは万全とは考えにくい。

指物の家紋を見分けられず、気づかないうちに味方を手にかけていたり、「山」や「川」など敵の簡単な合言葉を見抜いて、それを利用して戦場から逃げ延びた兵もいたに違いない。

86 戦場ではどのように情報伝達していた？

戦国時代の合戦場に集まる何千、何万もの兵士たちに、一度に号令をかけるために欠かせないものがある。それは、**法螺貝《ほら》や陣太鼓、鐘などの楽器**である。

なかでももっとも重要な号令は、城に兵士を集めるものである。各軍では楽器の音を聞いた時の行動が定められていたようだ。

たとえばまず法螺貝、鐘、太鼓がいっせいに鳴り、それを聞いたら、仕事をしていてもすぐ家に戻る。

次に、鐘が鳴ったら食事をとる。さらに、太鼓が鳴ったら鎧を着る。そして法螺貝が鳴ったら城に集まる、といった具合である。

ふだんは領地のあちこちで農民として生活している兵士たちは、楽器の合図で迅速に合戦に備えることができたのだ。

その他にも、敵の攻撃などの異変を知らせる時にも楽器が利用されていた。

たとえば、いつもは時を知らせるために鳴る鐘が、早鐘と呼ばれる激しい鳴り方をすることがあった。それは領地や城で何らかの異変が起きたことを知らせるものだった。

また、楽器は**兵士たちの戦意を鼓舞するための道具としても利用されていた**。音をさえぎる大きな建物もない戦国時代には、法螺貝や鐘、陣太鼓の音は、広い戦場のすみずみまで行き渡った。戦場に勇ましく響く法螺貝の音や陣太鼓の音とともに、兵士たちは敵に向かっていったのである。

（上）法螺貝の音を聞いて、兵士たちはどう動くべきかを知った。（下）陣中で陣太鼓を打つ兵士。（川中島合戦図屏風より）

当時の合戦の様子を描いた図屏風などにも、陣太鼓を背負った人物や法螺貝を持つ人物が描かれているものがある。

そこからも、楽器が合戦の際には欠かせない存在だったことがみてとれるだろう。

87 陣地内の規律は意外と厳しかった?

何千人、何万人という兵士が集まる合戦では、兵たちを統率するのにもそれなりの苦労があったようだ。

というのも、合戦の時に集められた兵は日頃から武士としての鍛錬を積んだ者ばかりではなかったからだ。荒くれ者の浪人や徴兵された農民なども多く、陣地では何かとトラブルが起きることも少なくなかった。

そこで必要になったのが、**軍紀**といわれる規律である。

軍紀の内容は武将によってそれぞれ異なるが、どれも厳しく定められているものが多い。

血気盛んな兵を統率するために、ケンカや口論を禁じるのはもちろんのこと、出陣の際には**命令がないうちに先手をとろうとしてはいけない**といさめる軍紀などもある。

また、**陣地内での大声や雑談、大酒を禁止した武将もいる**。

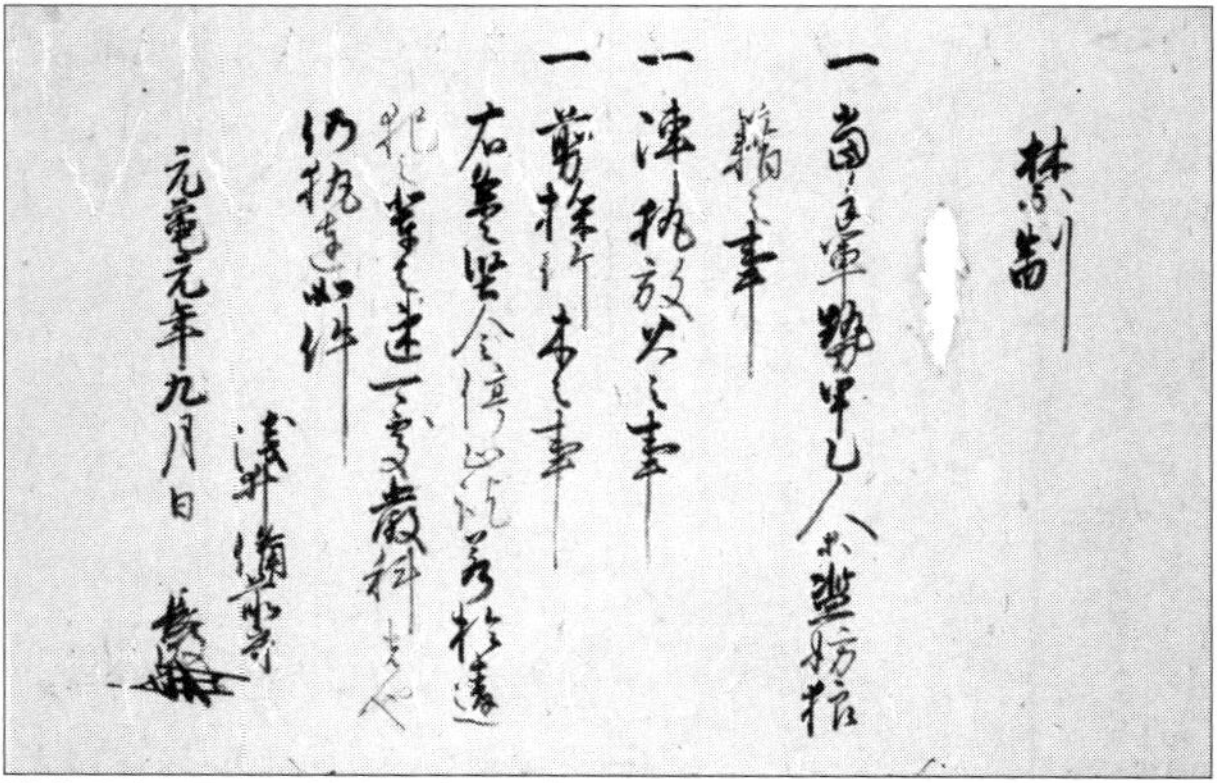

禁制

一　当手軍勢甲乙人等濫妨狼藉之事

一　陣取放火之事

一　剪採竹木之事

右条々堅令停止訖、若於違犯之輩者、速可處厳科者也、仍執達如件

元亀元年九月八日

浅井備前守
長政

浅井長政が発した禁書。乱暴狼藉、放火、竹木の伐採を禁じ、違反した場合はすみやかに罰するということが書かれている。

むやみに大声を出せば敵が来たと勘違いして陣地が混乱するし、雑談で騒々しいといざ敵が襲来した時にそれを知らせる声すら聞こえないからである。

大酒の禁止も、突然の敵の襲来に備えてのことだろう。

ほかにも馬を放してしまったら処罰するとか、合戦中に大声で笑ってはいけないなど、まるで幼い子供に言い聞かせるような軍紀もある。

おもしろいものとしては、**排泄物は城や陣屋から離れたところに捨ててくる**、というものだ。排泄物から病気などが流行してしまうこともあり、大人数の集まる陣地内で排泄物の処理が深刻な問題だったのだ。

88 戦場のトイレ事情はどうだった？

戦国時代の合戦には、あっという間に決着がつくものもあれば、数週間から数ヵ月という長期戦になる場合もある。

特に長期戦の場合は、戦場に張った陣地が兵士たちの**生活の場**となるのだ。合戦の最中といえども、人間が生活するにはさまざまなものが必要になる。たとえば、トイレの問題である。

戦国時代になると、衛生観念は徐々に発達してきて、**都市部の城にはトイレを備えているものが多くなっていた**。なかでも武田信玄は、風呂の水を利用した6畳以上ある水洗トイレを使用していたという。

しかし、合戦では基本的に兵士は野営をすることになる。戦場で何千、何万もの兵士が生活している以上、排泄物の量も大量になるわけで、この処理は非常に重要な問題であった。

じつは、合戦の最中の排泄物の処理に関しては詳しい文献は残されていない。

しかし、「人馬之糞水を遠矢が届くところに置かない」ことを命じた軍紀も残っており、陣からかなり離れた所に排泄物を捨てていたことが推測できる。

また、敵地ではうかつに井戸の水を飲んではいけないという戒めもあった。敵地では排泄物が井戸の中に入れられていることがあり、その水を飲むと疫病にかかる恐れがあったからである。

戦の最中、疫病で命を落とす兵士は多く、いったん疫病が流行ったら、敗戦にもつながってしまう。

兵士たちの健康管理が勝敗を左右するという点からみても、トイレの問題は武将たちにとってはたいへん重要だったのである。

備中松山城の城郭のすみに残された雪隠（トイレ）跡。いざという時に伏兵を潜ませておく場所だったという説もある。

89 呪術による合戦があった？

中国地方の覇権を賭けた毛利元就とその宿敵である尼子晴久・義久親子との戦いでは、呪いの念を送り合う戦が繰り広げられていたという資料が残っている。

この争いの裏で、元就は信仰していた厳島神社などに依頼し、**呪いのワラ人形**を作らせて**尼子氏を呪い殺す祈祷を7日7晩行わせている**のだ。稀代の智将、謀将と呼び声の高かった元就でも、禁じ手である呪殺すらいとわなかったのだろう。

ところが一方の尼子氏も、元就を呪うべく出雲大社をはじめかなりの数の寺社に**怨敵退散の祈祷を依頼した**という。この呪術合戦、ワラ人形の効果が勝ったのか最終的に尼子氏が降伏し、元就は中国地方一帯を支配する大大名となっている。

また、川中島の戦いでおなじみの**武田信玄と上杉謙信の間にも、互いを呪い合ったという裏話がある。**

江戸時代にまとめられた戦国武将の逸話集『常山紀談《じょうざんきだん》』には、信玄が高野山の成慶院

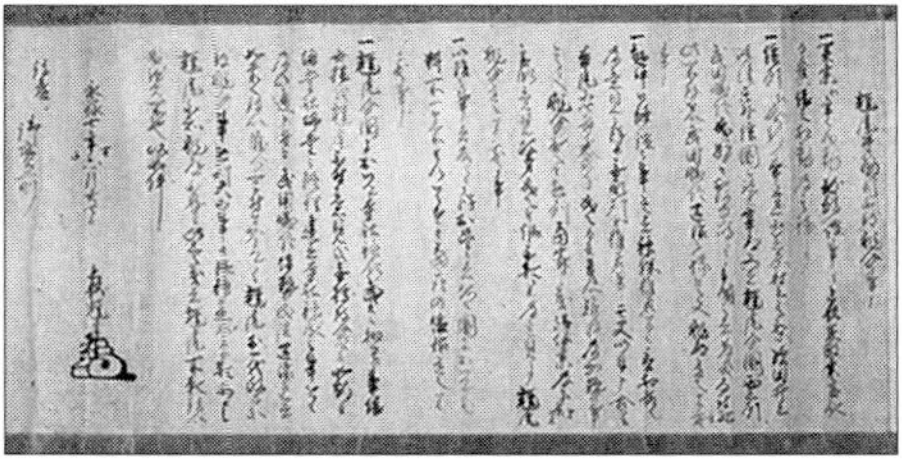

上：上杉謙信が新潟県弥彦村にある彌彦神社に奉納した願文。神助を乞いつつ、必勝を誓っている。（弥彦村ホームページより引用）
左：武田信玄の戦勝祈願依頼状。信玄と謙信はそれぞれが信じる神に願をかけていた。

で上杉謙信を呪詛した話が紹介されている。

一方で今も残る謙信の兜には、炎を背負った飯縄《いづな》明神があしらわれている。これは謙信が妖術、呪術といわれた「飯綱の法」を信仰していた何よりの証拠だ。

結局、信玄は上洛の最中に、そして謙信も信長との大一番を前にして病死したが、これは互いの呪いによって刺し違えた結果なのだろうか。

騎馬武者が駆け、鉄砲が火を噴いた多くの合戦の裏では、こうして人知れず呪いの言葉が飛び交っていたかもしれないのだ。

90 言葉による合戦があった？

選挙前などに開かれる公開討論会の場では参加者同士の激しい舌戦が繰り広げられる。相手の言動の弱点を突き、またみずからの優れた点を声高に主張する。そんな舌戦は、じつは源氏と平家が争った頃から**「言葉戦い」**とか**「詞戦」**と呼ばれて存在したのである。

もちろん舞台は戦場であるから、その内容は心理戦という言葉をはるかに上回る過激なものだった。戦の前に互いに睨み合いながら、また戦のさなかにも、相手を大声で徹底的に罵倒したのだ。

それは刀や鉄砲といった武器を必要としないにもかかわらず、時にはそれ以上のダメージを敵に与える厄介なものだったようだ。

また、言葉による一風変わった戦いがあったという話も残っている。

今の埼玉県のあたりで扇谷《おうぎがやつ》上杉氏と後北条氏が争った時、上杉方の武将である難波田《なんばだ》憲重《のりしげ》が劣勢となり城へ退却しようとした。

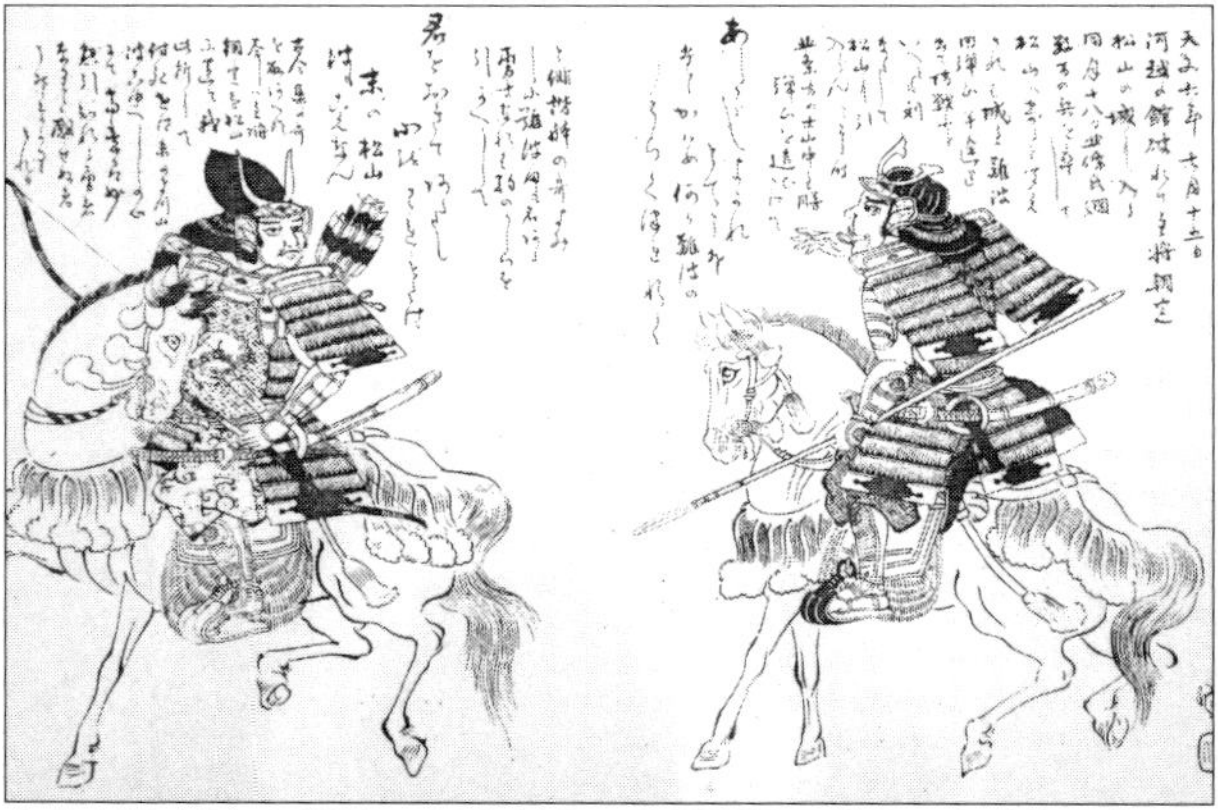

山中主膳（右）と難波田憲重（左）の和歌問答の様子。文学的素養を見せた難波田を山中は見逃したという。

すると、憲重は敵方の武将から和歌で呼び止められたという。しかも、その内容は兵を退くことを皮肉った屈辱的なものだった。

自軍の劣勢は明らかである。どれだけ頭に血が上ったところで、ここで踏みとどまって一戦交えては相手の思うツボだ。そう考えたのか、憲重は冷静にも『古今和歌集』にも収められた**和歌を詠んで敵方に返事をした**のである。

この話はのちに軍記物語に描かれ、「松山城風流歌合戦」として今に伝わっている。このやりとりが史実かフィクションかは定かではないが、これも一種の言葉戦いといえるだろう。

91 戦場ではどのように兵を配置していた？

戦国時代の合戦のスタイルである陣形のうち、代表的なものが「魚鱗《ぎょりん》・鶴翼《かくよく》・雁行《がんこう》・長蛇《ちょうだ》・偃月《えんげつ》・方円《ほうえん》・鋒矢《ほうし》・衡軛《こうやく》」と呼ばれる**八陣**である。これらは三国志に登場する諸葛孔明が考案したといわれている。

陣形にはそれぞれ特徴があり、実際の戦場で選んだ陣形から、その時の武将の心理などが垣間見えることもある。

まず、魚鱗は部隊の入れ替えが簡単で、少ない兵力で敵の陣地を中央から攻撃する際に用いられた。そして鶴翼の陣は、本陣を真ん中にして左右に展開し、少数の敵を包囲する時に用いられた。

この2つが用いられたのが三方ヶ原の戦いだ。なぜか圧倒的に数が多かった武田軍が**魚鱗の陣**を敷き、**鶴翼の陣**を徳川軍が用いて戦ったという。このことから、じつは信玄が徳川軍の数を正しく把握できていなかったのではないかということが読みとれる。一

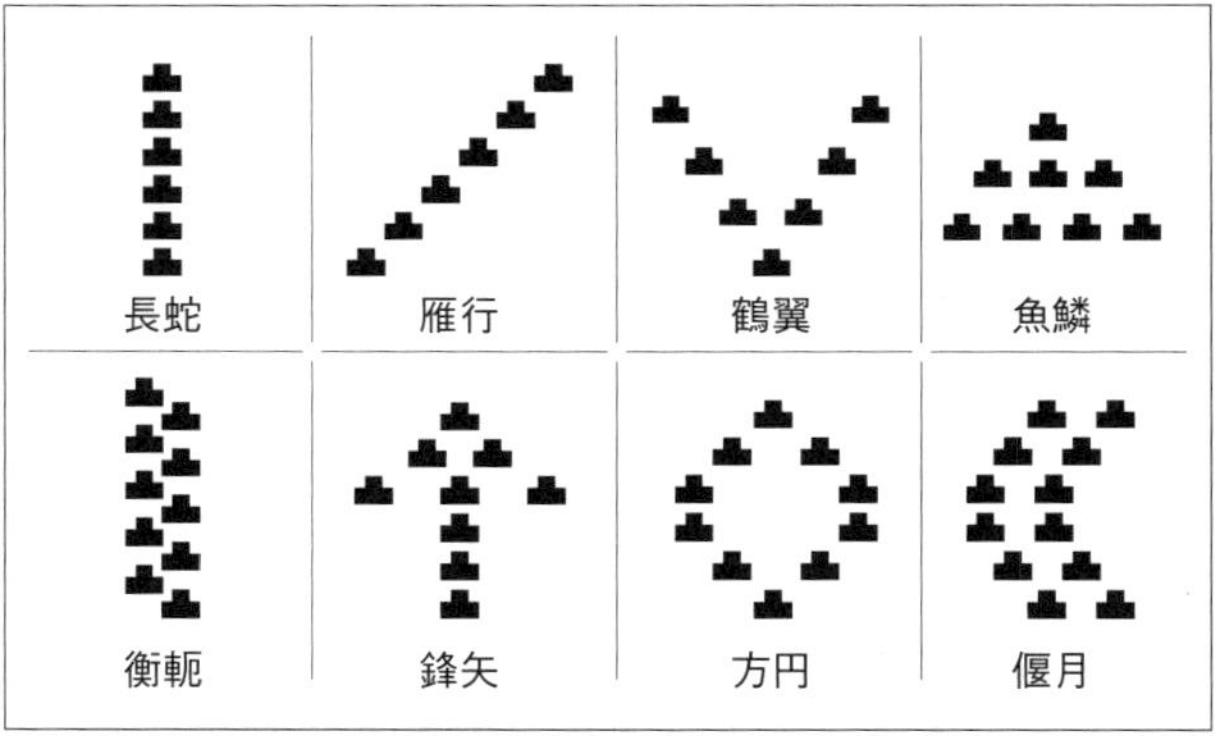

方、雁の群れが飛んでいるような陣形である**雁行**を用いたのが、姉川の戦いにおける織田信長だ。防御に有利なこの陣形からは、魔王と恐れられた信長の意外に慎重な一面がうかがえる。

また、天下分け目の関ヶ原の戦いで徳川軍に用いられたのが、**衡軛の陣**だ。

結果的にはわずか半日で決着がついたのだが、家康は必ずしも楽観的ではなかった。いかなる状況にも対応しやすく前進も後退も可能なこの陣形には、家康の慎重さが如実に反映されている。

そのほか、前後に長く柔軟性に長けた長蛇、背水の陣ともいえる偃月、どこから攻められても守れる方円、少数で敵陣を突破する鋒矢など、陣形の特色を知っておくと、時代劇などの合戦シーンもより深く楽しめるはずである。

92 先手を務める武将はどうやって決めた？

合戦の火蓋が切られる時に、先陣を切る軍勢を先手という。

合戦の勝敗を左右しかねない重要な役割だが、先手は最初に敵の攻撃を受けることから、その被害が甚大になる。そこで、総大将は新たに家臣となった新参者に先手を任せ、自分への忠誠心を試すことも多かったようだ。

一方で、先手は誰よりも先に手柄を挙げられる絶好のチャンスでもある。大きな合戦ともなれば、先手で武功をあげ、立身出世を狙おうとする武将も多い。関ヶ原の合戦では、東軍の先陣を切ろうとしていた福島正則が、井伊直政の軍勢に抜け駆けされて先手を取られてしまったこともあったくらいである。

そのため、先手を決める時には「我こそは先手を！」と武将間で激しい先手争いが起き、どちらも一歩も譲らないことがたびたびあった。

では、そんな先手争いをどうやって解決していたのかといえば、なんと**くじ引きで決**

左は小西行長。説明に「朝鮮の役に清正とともに先駆してその巧を伯仲せり」とある。右は加藤清正。（ともに『太平記英勇伝』より）

めることもあったという。

たとえば、豊臣秀吉による朝鮮出兵の時には加藤清正と小西行長が先手争いをしているが、この時もくじをひいて清正と行長で２日ごとに先手を交代するように決めている。そのほか三番手や四番手の軍勢などもくじ引きで決めたようだ。

また大友宗麟は、毛利勢の進行に際して家臣におみくじを引かせて配列を決めた。この時、宗麟は大友家の氏神を自軍の陣中に祀らせたという。

なんとも単純な方法だが、古くから**くじ引きは神意の表れ**と考えられていた。戦国時代にもそうした慣例が残っていて、大切な役割をくじ引きで決めることもあったのだ。

93 武将の勤務評定はどのように行った？

時代劇などの合戦シーンでひときわ目を引くのが、色も形もバラエティに富んだ旗の数々だ。

ひと口に旗といってもその用途はさまざまなのだが、合戦のさなかに重要な役割を果たしていたのが**馬印**である。馬印とは、ひとつの軍を統括する指揮官の乗る馬のそばに立てられる長い竿につけた旗のことだ。短いもので2メートル、長いものでは10メートルもあり、兵士たちは広い合戦場のどこからでも指揮官の位置を確認することができた。

また、目印として使われていただけではなく、合戦場での**武将たちの働きの評定**に役立つ重要な働きをしていたのだ。

もし、その軍の指揮官が倒されたら、そばに立っている馬印も倒される。馬印が立っていれば、その軍は生き残っていることになる。**総大将はそれぞれの武将の馬印を確認して、各軍の情勢を把握**した。そして、その合戦全体の動きを判断することができたのである。

一方、武将たちにとっては、馬印を持つことは軍隊を率いていることの証であり、ステイタスシンボルだった。

鉄砲で撃たれて倒れる兵士たち。旗も軒並み倒れている。この旗を見て大将は戦況を把握した。（小牧長久手合戦図屏風より）

初期の馬印は「旗印」と呼ばれ、旗の形の中に文字や図案を描いたものが用いられた。武田信玄の風林火山や、上杉謙信の龍の馬印はこの類だろう。

しかし時代が進むにつれて、徳川家康の金扇の大馬印、柴田勝家の金の御幣などのように、馬印は派手で趣向を凝らしたものになっていった。

とかく派手になりがちだった鎧兜や陣羽織と同様、個性的で目立つ馬印は武将たちがみずからの武勲や威勢をアピールするツールにもなっていたのである。

94 戦場でのいちばんの手柄は何だった?

合戦が終わると、それぞれの活躍に応じた手柄である「功名」が厳重に確認された。首実検やそれぞれの自己申告などから、どれほどの手柄を立てたのかが判断され、その働きに見合った論功行賞を行うのである。

手柄にはさまざまな種類があった。

一番初めに敵の首を取る手柄が**「一番首」**、先陣を切って一番先に敵兵と槍を交えるのが**「一番槍」**などである。

第一の勲功者とされるのは一番首を取った者ではないかと思われがちだが、合戦の状況などによって異なったようだ。

たとえば、織田信長が今川義元に奇襲をかけた桶狭間の戦いの時の勲功第一は、義元の首を取った一番首の武将や義元に一番槍をつけた武将ではなかった。

信長がもっとも評価したのは、今川軍の**休息中の場所を信長に知らせた**簗田《やなだ》政綱である。

一説によると、政綱は信長に「酒宴を開いている今川軍を奇襲すれば、義元を討てる」と進言したともいわれるが、詳しくは不明だ。いずれにしろ、政綱は戦後の恩賞として沓掛《くつかけ》城を褒美としてもらっている。

このような手柄をあげた場合の恩賞としては城主に取り立てたり、領土が与えられるのが一般的だったが、なかには領土を十分に与えられないこともあった。その場合には武将の名前から名乗りの一字を与えたりすることもあったようだ。

一番首として敵将・拝郷家嘉を討ち取り、その首を手に秀吉の本陣を目指す福島正則。この功績により福島は５千石を得た。（賤ヶ岳合戦図屏風より）

金銀や大名が愛用する刀や陣羽織などが下賜されることもあり、戦功を賞する感状とあわせて、名誉と褒美を与えることも多かった。

手柄に対する褒美が不十分だと離反する家臣もいるので、大名も気をつかっていたのだろう。

95 戦功をあげた時の褒美は何だった？

命を賭けた戦で手柄を立てた侍は、その見返りとして、仕える主から恩賞をもらって家族や家来を養っていた。

恩賞として与えられたのは多くの場合が**知行地と呼ばれる土地**だった。土地が与えられると、そこに暮らす農民から年貢を取ることができた。つまりは土地の支配を許されたのである。

みずからの支配地を少しでも増やすべく、戦となれば武将たちは我先にと戦場へ向かったのはいうまでもない。

そうして敵の首を誰よりも多く取った者、先鋒として敵と最初に槍を交えた一番槍の功名をあげた者などはその勇敢さから高く評価され、活躍に応じた恩賞をもらい受けることができた。

とはいえ、そもそも戦で敵から土地を奪うことができなければ、家臣に知行地を分け与えることもできない。

褒美がなければ働いた者の不満は募る。戦後の論功行賞から生じた不満で、主と家臣との間に亀裂が生じたという話は戦国の世では日常茶飯事だった。

しかし、なかにはこんな話もある。上杉謙信は宿命のライバル、武田信玄と激突した川中島の戦いの後、手柄を立てた武将たちにその活躍を褒めたたえた直筆の**「血染めの感状」**を与えた。

感状とは賞状、感謝状のようなものだ。多くの犠牲者を出した川中島での激戦の末の感状だったことから、謙信のそれは〝血染め〟と呼ばれるようになったという。

じつはこの時、感状のほかには恩賞がなかったといわれている。謙信は最大限の謝辞を贈ることで家臣の信頼を得たのである。

織田信長自筆の感状。細川忠興にあてられたもので松永久秀の謀反に際し手柄を立てたことから贈られた。

96 合戦の動員・死者数はどのように計算した？

総勢2万の陶軍をわずか4000の毛利軍が打ち破った厳島の戦い、そして武田軍2万と上杉軍1万3000が激突した川中島の戦い、といったように、戦国時代の兵士の動員数はまるで数えたかのように一般に知られている。

多くの場合、その数の根拠となるのは太田牛一の『信長公記』や、武田家の家臣たちがまとめた『甲陽軍艦』、ポルトガル人宣教師ルイス・フロイスの『日本史』といった歴史資料である。

これらの資料をもとに兵士の動員数を割り出すのだが、そこで重要なのは戦国時代の**「軍役」**という制度だ。

各大名は領地の広さやその経済力によって兵士を動員する人数を決められていた。つまり、残されている資料の中でその戦いに参加した**大名の顔ぶれがわかれば、およその兵士の総数が計算できる**のだ。

兵士にとっては戦場は職場であったため、実績を記録することが必要だった。

一方、戦いには犠牲者がつきものであり、資料の中には合戦による戦死者数まで記されているものもある。

たとえば『甲陽軍艦』の中には、川中島の戦いの戦死者数は「武田軍2880人、上杉軍3117人」とかなり具体的な数字が記されている。

しかし、この数字はかなり疑わしいといわざるを得ない。当時の合戦は、槍や刀が主力だったため、その場で命を落とす人より、傷を負って領地へ帰り、結局亡くなるという兵士が多かった。また、帰路において落ち武者狩りにあって命を落とすケースもあった。

つまり、かなり時間をかけた追跡調査をしない限り、合戦の戦死者数というのは算出できなかったはずなのである。

97 敗者の武将の始末はどう行われたか？

「勝てば官軍、負ければ賊軍」というが、戦国時代の合戦で負けることは多くの武将にとって死を意味した。

たとえば、籠城した挙句に降伏をした場合、敗者の総大将や重臣たちの**切腹**、**出家**などが条件となった。万が一条件が折り合わなければ、武将や兵士、領民にいたるまで皆殺しにされたのだ。

なかでも有名なのが、備中高松城の城主清水宗治の自害だ。秀吉の軍師である黒田官兵衛の水攻めにより、食糧の補給路を断たれた宗治は、城兵の命を助けるために、切腹の条件をのんだ。

湖の上に浮かべた小舟の上で切腹した宗治の最期は、敵だった秀吉までが感銘を受けるほどの見事さだったという。

一方、城に戻ることすらかなわず、戦地で命を落とす武将も多かった。

戦国最強と謳われた武田軍団を率いた武田勝頼は、長篠の戦いで織田・徳川の連合軍に大敗し、側近の多くを失ってしまった。そして1582（天正10）年、信長と家康によって甲斐（山梨県）の天目山に追いつめられた勝頼は、ともに戦った武田一族たちと自害して果てた。これによって武田家は滅亡したのである。

なかには、命だけは助けられたというケースもある。関ヶ原の戦いで敗れた豊臣側の武将宇喜多秀家は、死罪を免れて**八丈島に流罪**となり、84歳で亡くなるまで流刑地で生涯を送っている。

織田信長に敗北した武田勝頼は、戦場となった天目山で切腹した。

また、早めに降伏した場合は、**人質**などを差し出し、相手方の家臣になることで許されたり、領土や賠償金を支払う和議という決着の形もあった。

実際に命を落とすか、社会的に抹殺されるかという違いはあれど、敗戦の代償はあまりにも大きいものだったのである。

98 死体はどうやって処理した？

戦国時代を代表する宿命のライバル、上杉謙信と武田信玄は川中島の戦いで何度となく激突している。そのうち4度目の戦は戦国史上に残る壮絶なもので、双方あわせて7000人もの死者を出したという。

それだけの数の犠牲者が出ることもある合戦だけに、戦場での遺体の処理はどうしていたのだろうか。

そうした役目を負ったのは、**黒鍬者《くろくわ》**や黒鍬衆と呼ばれる人々だった。

彼らはもっとも身分の低い兵で、戦の間は道路の補修や砦、陣営の設置など土木工事を担当していた。刃がぶ厚く、幅の広い特殊な鍬《くわ》を使っていたことからこの呼び名がついたという。

合戦が終わると、今度は戦後の後始末が黒鍬者の仕事となる。**名の知れた武将の首は家臣が探し出して丁寧に埋葬した**が、足軽など多くの名もなき兵の遺体は黒鍬者が**戦場**